JN155551

Harvard Style Negotiation
in the 21st Century

ハーバード流
交渉術

世界基準の考え方・伝え方

御手洗昭治

SOGO HOREI PUBLISHING CO., LTD

「今、世界はある意味では、一つになりつつあります。
我々は話し合いを通して合意を形成しなければなりません」

エドウィン・O・ライシャワー（元駐日米国大使・ハーバード大学名誉教授）

「人からなぜ交渉学が必要なのか？　と聞かれることがある。
その答えは、『損をしないため、相手に騙されないため、
それに双方で問題を解決するため』である」

ロジャー・フィッシャー（ハーバード・ロー・スクール名誉教授）

「交渉は科学であり芸術でもある。
つまり、問題の解決には理（デジタル）と情（アナログ）の
両方の使い分けが必要だ」

ハワード・ライファ（ハーバード・ビジネス・スクール名誉教授）

付録①

交渉力自己診断テスト

以下20の設問を用意した。**I**～**V**の中から自分に当てはまるものをそれぞれ1つ選び、9ページにある採点表で自己採点してみていただきたい。

交渉力には大きな個人差がある。このテストで自己診断し、交渉力アップのための参考にしていただきたい。

①あなたは、通常よく準備をして交渉に入りますか？

I 非常によく準備をする　**II** しばしば
III 時にすることもある　**IV** あまりしない
V ぶっつけ本番

②あなたは、交渉で対立に直面した際、どのように感じますか？

I 非常に不満　**II** かなり不満
III 好きではないが、相手の説得に努める
IV 幾分対立を楽しむ　**V** 好機と捉え、歓迎する

③あなたは、交渉で相手に言われた言葉を信じますか？

I 信じないし懐疑的である　**II** ほどほどに懐疑的である
III 信じたり信じなかったりする　**IV** だいたい信じる
V 常に信じる

④あなたは普段、どの程度人に好かれることを重視していますか？

Ⅰ 非常に重視　Ⅱ かなり重視　Ⅲ まあまあ重視
Ⅳ あまり重視しない　Ⅴ 問題にしない

⑤あなたは交渉に際し、相手の言うことをどの程度、調べますか？

Ⅰ 徹底的に調べる　Ⅱ かなり調べる　Ⅲ ある程度調べる
Ⅳ そうすべきと知っているが、十分調べない　Ⅴ 調べない

⑥あなたは、自分の見解を上手に表明できますか？

Ⅰ かなり得意だ　Ⅱ やや得意だ　Ⅲ どちらでもない
Ⅳ やや苦手だ　Ⅴ かなり苦手だ

⑦あなたは、聞き上手ですか？

Ⅰ かなり得意だ　Ⅱ やや得意だ　Ⅲ どちらでもない
Ⅳ やや苦手だ　Ⅴ かなり苦手だ

⑧あなたは、賛否が二手に分かれているあいまいな状況をどう思いますか？

Ⅰ 非常に不快で、今すぐどちらかに決めたい
Ⅱ かなり不快で、できればすぐに進展させたい
Ⅲ 好きではないが、我慢できる
Ⅳ それほど苦にならない
Ⅴ 何事も白黒を決めがたいと思う

⑨あなたは、相手の圧力下にあっても、はっきり落ち着いて考えられますか？

Ⅰ 非常によく考えられる　Ⅱ わりとよく考えられる
Ⅲ どちらかというと考えられる　Ⅳ あまり考えられない
Ⅴ まったく考えられない

⑩あなたは、交渉において、誠実さをどの程度重視しますか？

Ⅰ 非常に重視　Ⅱ かなり重視　Ⅲ どちらかというと重視
Ⅳ それほど重視していない　Ⅴ 重視していない

⑪あなたは、相手の誠実さをどの程度重視しますか？

Ⅰ 非常に重視　Ⅱ かなり重視　Ⅲ どちらかというと重視
Ⅳ それほど重視していない　Ⅴ 重視していない

⑫あなたは、忍耐強い交渉者ですか？

Ⅰ 非常に忍耐強い　Ⅱ かなり忍耐強い
Ⅲ まあまあ忍耐強い　Ⅳ あまり忍耐強くない
Ⅴ 忍耐強くない

⑬あなたは、交渉の目的達成度をどの程度重視しますか？

Ⅰ 非常に重視する　Ⅱ かなり重視する
Ⅲ まあまあ重視する　Ⅳ あまり重視しない
Ⅴ まったくこだわらない

⑭あなたは、交渉でしつこいほうですか？

Ⅰ 非常にしつこい　Ⅱ かなりしつこい
Ⅲ しつこいほうだと思う　Ⅳ あまりしつこくない
Ⅴ しつこくない

⑮あなたは交渉中、対立していても相手との関係が断絶しないように気を遣いますか？

Ⅰ 非常に気を遣う　Ⅱ かなり気を遣う
Ⅲ まあまあ気を遣う　Ⅳ あまり気を遣わない
Ⅴ まったく気を遣わない

⑯あなたは、相手の力の限界がどこにあるかを事前に調べますか？

Ⅰ 非常に調べる　Ⅱ かなり調べる
Ⅲ わりと調べるほうだ　Ⅳ あまり調べない
Ⅴ 成り行きまかせ

⑰あなたは、興奮した際どのような態度を示しますか？

Ⅰ 冷静を保つ　Ⅱ 少し怒るが冷静を保つ
Ⅲ まあまあ怒る　Ⅳ かなり怒る　Ⅴ カーッとなる

⑱あなたは社交性があり、人に好感をもって迎えられていると思いますか？

Ⅰ 非常にそう思う　Ⅱ かなりそう思う
Ⅲ どちらでもない　Ⅳ あまり好かれていない
Ⅴ 人は私を好まない

⑲仕事上のことについて、あなたは口がかたいですか？

Ⅰ 非常に口がかたい　Ⅱ かなり口がかたい
Ⅲ 口はかたいほうである
Ⅳ 必要以上にしゃべる傾向がある　Ⅴ しゃべりすぎ

⑳あなたは、感じることを即座に誰にでも言いますか？

Ⅰ 非常に頻繁に言う　Ⅱ 普通以上に言う
Ⅲ どちらでもない　Ⅳ あまり頻繁に言わない
Ⅴ ほとんど言わない

《交渉力自己診断テスト採点表》

設問	1	2	3	4	5	6	7	8	9	10
Ⅰ	+20	−10	+10	−14	+15	+8	+15	−10	+10	+15
Ⅱ	+15	−5	+8	−8	+10	+4	+10	+5	+5	+10
Ⅲ	+5	+10	+4	0	+3	0	0	+5	+3	+5
Ⅳ	−10	+10	−4	+14	−5	−4	−10	+10	0	0
Ⅴ	−20	−5	−10	+10	−10	−6	−15	+10	−5	−10

設問	11	12	13	14	15	16	17	18	19	20
Ⅰ	+15	+15	+12	+10	+16	+15	+10	+10	+10	−8
Ⅱ	+10	+10	+12	+12	+12	+10	+6	+8	+10	−6
Ⅲ	+5	+5	+5	+3	+4	+5	0	+4	+8	0
Ⅳ	0	−5	−5	−3	−5	−5	−3	−2	−8	+5
Ⅴ	−10	−15	−15	−10	−15	−10	−10	−6	−15	+8

上の採点表で、あなたの点数を合計してください。

120点以上　＝なかなかの交渉エキスパート
100~119点　＝国際的な交渉の場へ出て行っても大丈夫
80~99点　＝国際ビジネスパーソンとしてまずまずの実力
70~79点　＝国際ビジネスパーソンとしてはいま一歩
69点以下　＝一段の努力を要す

まえがき

本書のテーマである「ハーバード流交渉術」とは何か。詳しくは後述するが、筆者なりに要約すれば、**「相手の要求も満たしつつ、自分の要求を通す交渉術」**のことである。従来の欧米的な「勝つか負けるか」の二元論的な交渉ではなく、双方の要求を叶え、最大限の利益を実現させようという「ウィン・ウィン（win-win）型」の交渉である。

本書は、拙著『ハーバード流思考法で鍛えるグローバル・ネゴシエーション』（総合法令出版・二〇〇三年）が基になっている。旧著の発行から十数年が経っているが、社会のグローバル化が急速に進み、続く紛争などにより世界が混沌としている現在、こうした交渉の視座は、ますます重要視されている。

欧米では、**交渉のできない者は出世できない**とさえいわれ、**歴代のアメリカ大統領、各国の首脳やリーダーは交渉学を学んだ人物がほとんどである**。一方、日本人は「交渉下手」だと見なされ、教育の現場でも交渉学が無視されているのが現実である。

時は二〇一七年一月二〇日。米国の第四五代大統領に、ドナルド・J・トランプ氏が就任し、経済・外交政策の抜本的な転換と、テロ撲滅を世界中に向けて訴えた。周辺国への圧力も辞さない考えで、グローバル経済を支える自由貿易体制に動揺が起こった。そのため、これからの世界の潮流と地政学が今、大きく変わろうとしている。

世界の不安は、テロ問題以外にも、通商政策やビジネス分野の企業活動を巡るトランプ氏の保護主義的な言動と、取引外交や交渉スタイルに根差している。トランプ氏の政策の根幹には、「アメリカ・ファースト（米国第一主義）」がある。ホワイトハウス入りした後も、海外移転企業には三五％の「国境税」を課すと発表した。

トランプ氏の攻撃の矛先は、米自動車メーカーのみならず、日本のトヨタ自動車にも向けられた。また、ＮＡＦＴＡ（北米自由貿易協定）の再交渉や、ＴＰＰ（環太平洋戦略的経済連携協定）離脱を表明した。

トランプ政権がＧ７やＧ20などによる国際合意の枠組みを軽視すれば、世界のグローバル経済に悪影響が及びかねない。特に日米が連携してＧ７などを主導していくことが、米国にとってもプラスであることをトランプ氏に訴える必要がある。Ｇ７やＧ20が合意したグローバル時代の「貿易を巡る保護主義への反対」や「為替市場の安定」などの交渉確認が必要である。

一方、ヨーロッパに目を向ければ、英国のテリーザ・メイ首相がＥＵ（欧州連合）に強硬に離脱の意思を表明したため、原則二年の交渉が動き出す。EUは、ヒト・モノ・カネ・サービスの四つが域内を自由に移動できる市場である。が、英国政府は離脱後、移民対策として「ヒト」の流入を規制し、それ以外の分野ではできる限り、単一市場に残りたいという意向であった。

これに対し、四つの移動は不可分として、「良いところ取りは許さない」のがドイツのアンゲラ・メルケル首相含む、英国以外の二七ヵ国の交渉提案であった。二七ヵ国には、英国のEU離脱を防ぎたいという強い目的があるからである。「EU離脱は損」とビジネス企業や市民に訴え、EUの秩序を保つためには、英国に対して敢えて厳しく当たらざるを得ないという戦略である。

加えてヨーロッパの政治リスクも高まっている。トランプ氏の勢いに便乗しようとヨーロッパの極右翼勢力が動き出した。排他主義や反グローバル主義を掲げ、国際化に背を向けるドイツ、フランス、イタリア、オランダの政党幹部がドイツに集合し、気勢を上げた。

懸念はまだまだ尽きない。中東では、イスラム教徒のシーア派とスンニ派の間で繰り拡げられているシリアの内戦や、ロシアのウクライナ問題が未解決のままである。日本には、隣国中国との南シナ海、東シナ海の領有権を巡る紛争問題が残っている。韓国とは慰安婦像を巡って、非生産的な水掛け論、すなわち「ゼロ・サムゲーム」（一方が大儲けして、他方が大損するゲーム）のいがみ合いが続いている。

これからの世界には、新たな国際秩序が求められている。多くの人々が望んでいることは、自分の所属している組織、団体、社会は無論、国内外における安定と発展や成長であろう。

それを実現するために必要なものがあるとすれば、**問題を処理し、解決するための「ハーバード流交渉術」**である。交渉を通して変わりゆく**二一世紀において、我々が直面する世界に対してより有利に対応する術を持つことが急務**である。

幕末に黒船を率いて日本の門戸を開いたペリー提督以来、現代のグローバル時代まで、日本の人々は与えられた交渉カードばかりで勝負を行っていた。これは外交に限った話ではない。他国企業との取引などを行うビジネスの場で、日本人の交渉力の低さを感じる読者も多いのではないだろうか。それでは、相手の思うツボである。いかなるときも打って出る必要がある。

本書のねらいと構成

東西の冷戦が終わる一九八九年以前、欧米では「勝つための交渉術」、または「いかに相手を打ち負かすテクニックを身につけるか」といった書が数多く出版された。その後、日本でも交渉術や交渉力に関しての多くの書が出版されてはいるが、それらの多くは個人の交渉経験を基にしたものか、本書でいう「ゼロ・サム交渉」を論じたものが中心である。また、それらの書は、交渉をハーバード流交渉術のように思考技術として捉《とら》え、組織内の対立、企業間や社会の紛争などを解決する観点から論じられたものでもなかった。

歴史的に見ても、二一世紀は国際化からグローバリゼーションに突入した時代であり、交渉に関しての需要の高まりは次の四つの研究領域に移行しているように思われる。

①ハーバード流交渉術のテーゼである、紛争解決のための「ウィン・ウィン型交渉」

②異文化間のビジネス交渉

③多発する国際紛争などの解決で求められる、第三者介入の「ミディエーション（調停）」

④続くテロ事件などでの犯罪交渉

しかし、これらを複合的にカバーした書物は見当たらず、皆無に等しい。したがって、本書では主として以上四つの関連し合うジャンルを分類し、それぞれの力学を検討することとした。

まず、巻頭付録では簡単な「交渉力診断」を載せた。読者自身の交渉力を測る参考としていただきたい。

第一章では、そもそも交渉とは何か、日本人はなぜ交渉下手なのかを、交渉学が盛んな欧米諸国との比較などを通じて述べてみたい。

第二章においては、互いの満足度を最大に引き出す「ハーバード流交渉術」の中身と、そのメカニズムである「原則立脚型交渉」の原点や特徴、交渉者に必要な資質などについて解説していくこととした。また、読者がよりイメージしやすいように、ビジネスの場を想定して、ハーバード流交渉はどのように進んでいくのかを説明する。

第三章では、異文化ビジネスにおいて交渉力を高めていく方法を、筆者が考案した「異文化センシビリティ・モデル」を中心に述べ、解説を加えてみた。

併せて、交渉力向上のためには、相手の交渉者への理解と認識も不可欠である。第四章では、各国・地域の交渉者に見られる交渉スタイル（流儀）と特徴を中心に解説することにした。

社会のグローバル化が進む中、利害のぶつかり合いや紛争といった対立は避けられなくなっている。それに伴って二者間では解決できない国際紛争やテロなどの犯罪も増加傾向にあり、第三者による交渉である「ミディエーション」や、犯罪交渉の重要性が叫ばれている。そのため、第五章では、犯罪ネゴシエーターとミディエーションについて触れてみることとした。

第六章では、二〇一七年二月に行なわれた日米首脳会談の分析を中心に、トランプ氏の交渉スタイルや特徴、外交姿勢を探る。彼の出現は、これからの時代において「交渉」が必要不可欠であることの象徴である。自分が日本政府の関係者だったら彼とどのように交渉するか、といった視点からも読んでいただければ、より参考になるだろう。

最後に、巻末付録には、読者が異文化ビジネス交渉の現場で「ハーバード流交渉術」を実践するためのチェックリストとケース・スタディも一部付け加えることとした。本書で学んだ理論を、是非活用していただきたい。

「紛争（コンフリクト）は、心の中から生まれるものである（Conflict lies in the head.）」と述べたのは、「ハーバード流交渉術」を提唱した、ハーバード・ロー・スクール（ハーバード大学法科大学院）名誉教授の故ロジャー・フィッシャーである。"head" とは人の心理ということである。言い換えれば、人間同士の紛争や組織間の紛争、それに国家間の紛争は、心の使い方次第で解決するが、一つ間違えば対立や武力衝突（戦争）に発展するということである。

本書を読者の交渉力アップのための一助として、また人材資源（ヒューマン・リソース）マネジメントの一部としても活用していただければ幸いである。そして、これからの国際社会で生き残るための交渉力を身につけてもらいたい。

また、本書がこのような新たな形で発行されるに際しては、総合法令出版編集部の久保木勇耶さんと大島永理乃さんに感謝申し上げたい。加筆、校正、一部修正に関しては大変お世話になった。厚く御礼を申し上げる。

CONTENTS

第三章

異文化ビジネス交渉の向上法

第四章　交渉は雄弁に文化を語る

第五章　国際紛争やテロに見る交渉
――ミディエーターとネゴシエーター

第六章

「交渉の世紀」を生きる
――これからの世界の動向・地政学の変化

装丁　小口翔平・岩永香穂（ｔｏｂｕｆｕｎｅ）
本文デザイン　土屋和泉
図表・ＤＴＰ　横内俊彦
写真　Jorge Salcedo/Shutterstock.com

第一章

日本人が苦手な「交渉」

交渉は身近なありとあらゆる状況で行われている

「交渉」とは、我々の日常生活におけるあらゆるところで行われ、応用されている。しかし、多くの人はそのことに気付いていてない。

「人は生まれながらのセールスマンである」と言ったのは、ゴルファーのアーノルド・パーマーや、スポーツ選手のビジネス・コンサルタントでもあったマーク・マコーマックである。

子供は交渉の天才である。学校では、仲間に自分を売り込み、先生には良い点数をつけてくれるように売り込む。また、親には新しい自転車やおやつを買ってもらうために良い子になって見せたりする。すなわち、誰もが子供の頃から一種のセールス・テクニックなどを含む交渉術を、「無意識」のうちに駆使してきたのである。しかし、外の世界へ出ていかなければならない年頃になると、欲しいものを手に入れる方法や能力の売り方、就職面接での言動などを、今度は無意識ではなく、「意識的」に学ぶようになる。

そうすると、今までは効率が良く行うことができた自分の売り込み方やその能力に疑問を抱いたりする。極端な場合にはそれらをまったく忘れてしまったり、また相手側と対立したりすることもある。ビジネスセールスの場合であれば、自分の説得力や販売の能力が「評価」されるから、なおさら自分流の交渉方法に疑いを持ったりするものである。**異文化とのビジネス交渉や外交交渉の場であれば、交渉スタイルや文化価値の違いからさらにギャップが生じる**ため、なおさら自分のやり方に疑問を持ったりする。

「交渉」は、以上のような家族間やビジネスは言うに及はず、異文化間の商談や国家間の外交交渉、テロ事件などでの犯罪交渉など、ありとあらゆる状況下において繰り広げられている。

ハーバード・ロー・スクール名誉教授のロジャー・フィッシャーは、「一昔前まで、外交とは一握りの専門家の世界であり、その意味で、バード・ウォッチングや切手収集と大して変わらなかった」と言う。だが、ベルリンの壁や旧ソ連の共産主義体制の崩壊、そして、貿易摩擦、国際援助、国境・領土問題、民族紛争などを巡る論争が日増しに高まるにつれ、一般の人々の外交への関心も高まっている現実を直視せよと警告する。「民間外交官」が増えたということである。

なぜならば、これまで外交には無関係だと考えていた人々にも活躍の場が与えられるようになったからである。新しい時代には、新しい考え方が求められる。特に外交政策、安全保障などの意思決定において、いろいろな分野からの人材が求められる時代になった。ビジネスの世界においても、成功する企業のリーダーやその部下たちは、常に業務改善の方法を探求する。国内外のパートナーと「戦略的提携」や「戦略的な共同事業」の交渉を行っている企業も増えている。

世はまさに、**一般市民が交渉を通して紛争管理をする時代**へと移行している。紛争は解決に時間がかかるものが多い。一気に解決を目指すよりは、解決へのベターなプロセスを求めたほうがうまく事が運ぶ場合が多い。紛争の「解決」のみならず、紛争の「管理」を目指すことが今後の新しいパラダイムになるようである。

すなわち、恒久的な解決策そのものを強調する方法から、**紛争に対していかにプロセスを踏んで対処していくのかに重点を置いたアプローチに転換することが、二一世紀を生きていく我々の課題**でもある。

日本人はなぜ交渉力が低いのか

「日本人は対異文化や国際舞台において、ほかの文化の人と比べると交渉ができない。もしくは交渉が苦手で避ける習性がある」という国際的なデータが存在する。**日本では文化的に交渉を軽視する傾向がある**という意味でもある。

例えば、慰安婦問題での韓国に対する交渉である。韓国は先に日本から一〇億円の賠償金を受け取っておきながら、国際法に基づかぬ言動で対日批判を展開した。日本政府は抗議のため長嶺安政《ながみねやすまさ》駐韓特命全権大使を一時帰国させ韓国に対応を求めたが、韓国の黄教安《ファンギョアン》大統領代行兼首相は、「民間がやったことなので、政府があれこれ言うのは難しい」と指摘し、（朝日新聞二〇一七年一月二三日号参照）交渉による問題解決についての具体策（オプション）については触れなかった。本来であれば、民主主義国家である韓国に対して、国際法に基づいて秩序を守らせる「法の番人」の役目を果たすことのできる交渉者と、紛争の調停ができるミディエーターが日本には必要である（ミディエーターについては第五章で取り扱う）。

こうした例は、北方領土交渉や南シナ海を巡る中国との交渉など枚挙に暇《いとま》がない。さらに海外資本などにも日本の国土が奪われようとしている。国際ジャーナリストの宮本雅史の調査によると、北海道だけでも二〇一七年までに山手線の内側の一一倍以上の面積の森林や、七万ヘクタールの農地が中国資本に買収されているという。（北海道『正論』友の会講演会「バク（爆）買いされる領土・北の大地から南の島まで」〈二〇一七年三月二一日〉資料参照）

その理由は、日本には外国による不動産売買などの危機管理に対して、法の規定などといった明確な整備がなされていないことにある。危機管理を重視する多くの国では、国の不動産や土地など安全保障を損なう恐れのある資本の取引を停止、禁止する法的権限が大統領などに与えられている。また、アメリカの「エクソン・フロリオ条項」や、「対米外国投資委員会」のように、国内資本の買収条件などを審査する法や機関が存在する。日本でも同様の整備が急務である。危機管理に疎《うと》い「おひとよし国家」のままではいけない。

このように、日本の対外・異文化交渉からは相手側主導の感が拭えない。日本人の交渉力の低さには目を覆うばかりである。国交省などにはこうした視点も含めて、交渉に対する姿勢を捉えなおしていただきたいものである。

それに比べ、交渉学が広く普及しているアメリカではどうか。トランプ氏は大統領演説で「強いアメリカ」を訴えた。ロナルド・レーガン元大統領に勝る「力による外交」をスローガンに掲げ、ほかを寄せつけない国防力を備えれば、「外交交渉」を有利に運べると表明。相手側からよほどの有利な交換条件が提示されない限り、「妥協はしない」という強い姿勢である。ツイッターでも「米国は核戦力を大幅に強化しなければならない」と発信。トランプ氏の辞書には「妥協」という言葉は存在しないだろう。藤崎一郎前駐米大使・全国日米協会連合会会長によれば、国際政治の現実は（理想ではなく）、相手国との「力・心理それに時間」の戦いのようだ。（北海道日米協会講演会「日米関係と国際政治」二〇一五年九月一二日参照）

日本人は交渉＝妥協と見なす

日本人はなぜ交渉下手なのか。理由は簡単である。日本人は文化的に「妥協」してしまう習性をもっているからである。**日本では、「交渉」＝「妥協」することと見なす**傾向がほかの文化より強い。

近年の北方領土交渉を見ても分かるように、ロシア側から「一〇〇〇億円単位の援助額を日本側にお願いしたい」と打診されると、すぐに「ダー（イエス）」と「妥協」してしまう。例えば、「ロシア側が一島を返還してくるのなら、一〇〇〇億円を支払う。二島なら二〇〇〇億円、三島なら三〇〇〇億円、四島なら四〇〇〇億円を支払いたい」といったような「駆け引き」を含んだ外交取引は一切なかった（「駆け引き」などの交渉についての要素に関しては、本章で後述するＭＳ理論を参照されたい）。

第二次世界大戦以来、日本側はロシア側が提示する条件にすぐ譲歩してしまい、ロシア側は領土問題に関しては「引き延ばし交渉」を続けるというパターンが繰り返されている。日本側は、「贈り物・土産外交」によりロシアの歓心を買おうとしたが、それは取られ損の、野球でいう「空振り」に終わることと同じである。一点も取得できずシャットアウト負けをする「完封ゲーム」である。ロシア側は、自国の国益を失うことなく、しかも相手からはできる限り多くの譲歩・利益を引き出す交渉に成功したのである。

日本側も、国際交渉においてほかの国が取るスタンス――反対や反論をした後で相手の条件を考慮してから、その条件を飲むという戦略――を押し進めることで、ロシア側の満足も高まるという心理作戦を取るべきであるが、日本の政治家は不慣れである。

国際交渉の際に各国が使用する「バーゲニング・チップ」や、トランプ大統領も得意な

「バーゲニング・カード」（共に交渉を有利に導く材料、切り札）をちらつかせ、できるだけ相手をじらしながら「妥協点」または「均衡点」を探るという**「駆け引き」＝「交渉ゲーム」に慣れていない**ようだ。

交渉力が培われなかった歴史的背景

欧米では、交渉のできない者は出世できないとさえいわれている。交渉力は、大統領を始めとする首脳は無論、管理者や経営者にとって必要な能力でもある。例えば、歴代のアメリカ大統領や商務省、各国の首脳やリーダーは交渉学を学んだ人物がほとんどである。交渉の中心である「駆け引き」には、説得と反論が伴い、利害のぶつかり合いが起こる。しかし、日本人にはこれらを避け、遠く聖徳太子の時代以来、「和」を尊ぶ傾向が強い。このため、他者との対立を解決する手法の習得は、歴史的に発達してこなかった。

交渉を行うためには、まず何よりも相手側との意見の疎通や伝達、すなわち「コミュニケーション」の技能が重要になってくる。また、交渉を有利に進めるためには、当然のごとく、「戦略」「戦術」「作戦」、それに「駆け引き」や「取引」が必要となるわけであるが、日本においては、歴史的にこれらの言葉が、何か**「水くさい行為」「ウサン臭いこと」「紳士らしくない行為」「瑣末《さまつ》なこと」「大人げのない綱引きによる奪い合い」といったように見なされる傾向があり、交渉学も発達してこなかったのである。**なお、「紳士」とは本来、「人に対し不快な感じを与えずに異議を唱えることのできる人物」を指す。

徳川時代は「鎖国時代」と呼ばれているが、この「鎖国」のコンセプトも無意識のうちに、しかも隠れた次元で、日本人の交渉に対する「パーセプション（物事の見方、捉え方）」に影響を与えた要因といえる。「鎖国」とは、そもそも外国との交渉が存在しないことを意味する言葉である。

交渉教育において日本は後進国

日本の教育界では、交渉学の研究が盛んではなく、異文化交渉や国際交渉の分野においては、日本発信型の独自の研究が数少ない。ミディエーション学や紛争管理研究においても日本では無視され、欧米やアジアの先進国に大きく水をあけられている。

欧米の大学教育では、ビジネスや法律関係、また政治・外交分野を目指す学生のために、紛争解決型交渉学の科目の多くが選択科目、または必須科目となっているが、日本では無視されているのが現状である。交渉学が世界の高等教育で導入された一九八六年代の資料を見ると、当時全米で行われた五〇〇校以上の高等教育機関の調査で、二九四校・六三六人の教員が交渉学の講座八三八コースを教えていた。そのうち八〇〇コースは、労使交渉ではない。

これに比べ、日本の高等教育で紛争解決型の交渉学コースを設けている大学は二ケタ未満に過ぎなかった。現在でも交渉学の高等教育における認知度は残念ながら低い。

すでに**交渉学の重要性は世界中で認められている**。その表れとして、一九九四年のノーベル経済学賞は以下の三人の交渉学研究者に贈られた。

まずは、二〇〇一年度のアカデミー賞受賞映画作品「ビューティフル・マインド」のモデルでもあり、プリンストン大学教授のジョン・ナッシュ。交渉学で使用する「ナッシュ・ポイント」という言葉は彼の名にちなんで付けられたものである。それに、カリフォルニア大学のジョン・ハーサニと、ドイツのボン大学のラインハルト・ゼルテンの三名である。

しかし、これらの受賞者が交渉学の研究者であることは、経済大国日本においてほとんど知られていない。

日本と欧米に見る「交渉」の違い

さて、ここまで日本人が交渉下手であると述べてきたのだが、そうであるがために、「交渉」とはどんな行為を意味する言葉なのか、明確にイメージできない読者も多いだろう。それを考えるには、日本と欧米やアジア先進国における交渉の捉え方の違いを探ってみると分かりやすい。

以下では、日頃我々があまり意識しない、「交渉に対するパーセプション」「交渉に臨む態度」「交渉戦術」「交渉の契約観」という要素について、両者を比較してみる。それぞれ個別に取り扱っていくが、これらの要素は互いに関連し合っていることを強調しておきたい。

■交渉に対するパーセプションの比較

本書の冒頭にも記したが、ハーバード・ビジネス・スクール名誉教授のハワード・ライファは、筆者との共同インタビューの中で、「交渉は科学であり芸術でもある。つまり、**問題の解決には理（デジタル）と情（アナログ）の両方の使い方が必要だ**」と述べたことがある。続けて、「『孫子』にある『敵を知り己を知れば百戦危うからず』の道理であるが、**欧米の交渉者は、敵を知り、個別攻撃を身上としているのに対し、日本の交渉者は、己を知り、落とし所の探り合いに終始する**」と指摘した。

一口に「交渉」と言っても、文化によって交渉に対する見方と捉え方の差、すなわち「パーセプション・ギャップ」が存在することも忘れてはならない。それが、異文化間交渉の際に思わぬ摩擦やあつれきを生み、天下の体制にも影響を及ぼし、国際関係を難しくする原因となっているからである。また、些細な違いを認識、意識することで、それらの問題に対する解決策や思わぬ突破口を見出すことができる場合も多い。

日本では歴史的に「交渉」が、単なる駆け引きや取引または謀略と同レベルのものとして考えられている。交渉を卑劣なものとして疎《うと》んじる文化風土が存在し、お互いの腹の探り合いを行う**交渉行動を蔑《さげす》む美意識が日本人を交渉下手にしている**。それに、日本文化には「交渉」という言葉はあっても、実際にはそのコンセプト自体が存在しないともいえる。なぜならば、日本式「根回し」や「談合」など、交渉以前の段階で物事の決着がついてしまうからである。

さらに、日本の交渉には「誠意をもって話し合いに臨めば、相手はこちら側の言い分を理解してくれる」という「感情武装論」の前提があり、「インディレクト（間接的な）・コミュニケーション」のプロセスに基づいて進む。筆者はこれを**「情緒型交渉スタイル」**と呼ぶ。うまく事が運んだときには「勝った」と天を仰ぎ、失敗したならば感情的になり、「相手にしてやられた。騙された」と憤慨する。そして、反省として「相手とお酒でも傾けて、腹を割って話し合えばよかった」と、今度はセンチメンタルになる傾向が強い。

しかし、欧米や中国では、交渉に臨むに際して、**双方の利益が共通していたとしても、闘争・対立状態にあるという前提に沿って相手を説得することによって、自分側が最大の満足を得るというシナリオを考える**。交渉そのものは感情論ではなく、提案や賛否両論の繰り返しによる闘争的・競争的行動パターンであり、「論争」を手段と見なす。これは、感情抜きの「理論武装論」と呼べる。

言い換えれば、欧米の多くの文化、社会や組織の人々にとって、交渉とは、言葉を駆使し「ダイアレクティック（弁証法）・コミュニケーション」を手段に行う「駆け引き」である。筆者は、これを**「対抗主義型交渉スタイル」**と呼ぶことにする。欧米の多くの文化圏においては、「対抗主義型交渉スタイル」には、次の三つのメリットがあると有益視されている。

①双方が交渉の過程で互いに説得を通して確認し合った具体的基準は、後の交渉に出発点として使用できる。したがって、交渉当事者間に不満が残らない

②交渉決裂のリスクが小さい

③交渉のコストが節約できる

■交渉に臨む態度の比較

次に、交渉についての基本的な態度、または姿勢の違いであるが、これは特に異文化間のビジネス交渉において、問題がこじれた際などに浮き彫りにされる。

一口に言えば、日本人には交渉を好まないというステレオタイプ（ある人物をその人の属する集団や人種のカテゴリー〈固定〉化されたイメージで意味付けをする態度や傾向）のみならず、できれば、**「交渉を回避したい」という基本的態度が存在する**ことである。明治維新に活躍した大久保利通は、「外国との取引は、面倒かつ困難な仕事である」と述べたという。可能なら、交渉が不可欠な場合でも、相手側の交渉者とは正面切って対決するのではなく、物事をなるべく穏便に解決したいという心理が働くということである。

また、西郷隆盛と勝海舟が江戸城明け渡しについて「腹芸」で問題を解決したように、できれば、**論争は避け、お互いの腹を探り合うノン・バーバル（非言語）のコミュニケーション・スタイル**を使用したいという習性が強い。

さらに日本の社会では、欧米人にとって無駄とも思われる、人間関係を築く上で必要な「顔出し」や「顔つなぎ」、加えて「人間臭さ」というものも交渉に影響する。また、**「同じ人間だから、交渉ではなく、話せば分かる」**という共同意識をつくり上げることが大切とされている。

もっと重要で欧米の研究者なども見逃している点は、第二章でも述べるが、交渉の際に、日本人は人間的問題と実質的問題を切り離して話し合いを行うことが少ないということである。例えば、**日本人は個人的に嫌われている人間とは交渉を行いたくない、避けたいという文化的習性を持っている。しかし、欧米人の場合は違う。彼らは相手に嫌われていても交渉を行う。**

また、日本の交渉者には、たとえ成果などが得られそうもない交渉であっても、途中で投げ出さない傾向がある。しかし、異文化の背景を持つアメリカ人交渉者は、あまり成果が得られないと思った場合には、時間のロスと見て打ち切る傾向が強い。

■交渉戦術の比較

一九九〇年代に貿易戦争と呼ばれ話題となった、「日米自動車交渉」では、アメリカ側は国技であるアメリカン・フットボール式のルールのようにデジタル式に目標を設定し、それに沿った具体案を出し、総力を挙げて構成的な取り決めをしながら、結果重視の交渉を迫った。ちょっとした隙間やハンブルがあれば、そこに突っ込んで得点を挙げようとした。

他方、日本側は、そもそも問題領域を総合的でアナログな見地に立って見る傾向があった。戦略的ではなく、交渉の成り行きを見守りながら具体案を出したり、また状況に応じた取り決めを行ったりした。

アメリカ人は「個」の交渉に重点を置くが、**日本側は組織の「集団」交渉**に力点を置く。なぜならば、アメリカの役人は、ポリティカル・アポインティ（政府による任命）であり、個人の立場と交渉力を前面に押し出してくる。前任者との意見の違いを際立たせながら交渉の勝ちを手中にしようとする。

一方、日本の政府担当者は、お互いの立場（例えば財務省、外務省、経済産業省など）を推し量りながら、政府という組織の結論を重んじる。つまり、「ヒト」でやるか、「ポスト」でやるかの違いと言い換えることができる。アメリカ側が敵を知り、個別攻撃を身上としているのに対し、日本側は己を知り、落とし所の探り合いに終始しているようだ。

さらに、日米では政府と議会との関係に大きな違いがある。日本は利害関係者と議員との関係が密接で、国会を通らない結論はあり得ない。しかし、アメリカではクライアント（消費者や顧客）の要望に沿って政府（役人）は動く。結論が議会を通過するかどうかは、役人にとっては関係のない世界である。

■交渉の契約観の比較

日本の会社では、社長クラスでさえも「契約はサイン」、つまり「印鑑を押す」ことと同じという考えを持っている人が多い。分厚い契約書をろくに読みもせず、盲目的に署名することも珍しくない。これは、内（日本）では通用するが、外（異文化）では機能しないばかりか自殺行為でもある。日本の交渉は「遠慮」から始まり、そろそろと前に出てゆく「謙譲の美徳」を重視しつつ、紳士的に振る舞いながら行う、インター・パーソナル・コミュニケーションの一種である。

欧米社会では、契約とは「交渉」そのものである。つまり、最大限の要求を相手にぶつけ、そこからじわじわと引き下がって妥協する。あらゆる場合を想定して、損をしないように条件を付けるのが習わしである。

欧米の法感覚の根底には、キリスト教やローマ法がある。「旧約」「新約」という名前が示しているように、聖書は「神と人間の契約」である。古代のローマでは、宿屋や船主に「レセプツムの責任」という厳しい義務を課したという。例えば、旅行者から預かった品物に事故があった場合には、無条件に弁償しなければならなかった。

日本の契約観（コンセプト）は、これに比べると甘すぎる。都合次第では履行を怠る身勝手さにもなる。不渡り手形を出しても会社更生法で救ってくれるのが日本である。

契約トラブルの実例に以下のものがある。ある日本の造船会社では、社長らが欧米の企業に乗り込んで注文を取り、「ＯＫ」と分厚い契約書にサインをもらった。その上、夜には相手の交渉担当者を招いて、飲めや食えやの宴会の場を設けたのである。

しかし、船が完工したら、突然キャンセルの通知。理由は「船の登録をしていた第三国の制度が変わったから」であった。慌てて契約書を取り出し読んでみると、「第三国置籍ができない場合には、解約できる」の一項目が入っていたのである。異文化とのビジネス交渉では、「契約はサインなり」という国内感覚で捉えていると命取りになるので要注意である。

交渉の定義とは何か

では話を戻して、「交渉」とは何か、なぜ行うのか。筆者は「交渉」を次のように定義している。

「『交渉』とは、利害関係である利益や損益の存在する二つ（もしくはそれ以上）のグループが平和的にトレード・オフ（かけ引き）を行いながら、勝ち負けではなく利益を最大限に、損失を最小限にする合意のコミュニケーション・プロセスである」

筆者の意見では、交渉はコミュニケーションの視点から見れば、**七つの要素**で構成されており、次のように捉えることができる。

「交渉とは、①提案、②説得（論理的説得・功利的説得・感情的説得）、③条件提示、④駆け引き、⑤反論、⑥譲歩、⑦妥結を含む、合意を形成することをゴールとしたインターアクション（相互の関わり合いや関係）、すなわちコミュニケーション行動である」

これを筆者の名前の頭文字をとって**「MS理論」**と呼ぶことにする。

ハーバード大学名誉教授であるエドウィン・O・ライシャワーの言葉を借りると、「交渉とは、お互いの意見の違いや利害のぶつかり合い、文化間の摩擦や紛争を解決し、双方が受け入れられる結果を求めるコミュニケーションである」となる。詳しくは、拙著『ライシャワーの名言に学ぶ異文化理解』（御手洗昭治編著／小笠原はるの著、ゆまに書房）を参照されたい。

例えば、牛乳の嫌いな子供に牛乳を飲ませるため、母親がその効用と大切さを説いたとしよう。これは、説得であり交渉ではない。だが、その子が母親の言う通りに牛乳を飲む代わりに音楽のCDを買ってほしいと言ったとしよう。これが、交渉の始まりであり、ここから駆け引きが始まるのである。

「我々は、なぜ交渉を行うのか」という疑問に対する答えは明確である。本書の冒頭に記した、ハーバード流交渉術の開発者で、筆者の恩師の一人でもあるロジャー・フィッシャーの言葉の通りで、**「損をしないため、相手に騙されないため、双方で問題を解決するため」**である。加えて言えば、**現状を改善したり、変更したりするため**でもある。

もし、日本が北方領土の取り扱いに満足していたとするならば、わざわざロシアと交渉して、現状を変更し、改善する必要はないのである。すなわち、我々は**「双方の意見・考えに対立点がある」または、「双方に利益がある」という前提の下に交渉をする**のであり、そのために、具体的にどの部分に対立点があるのか、どのような相互利益があるのかを分析し、双方の立場、状況、利害関係を明確にする必要があるのである。

交渉の種類と関連用語

「交渉」には、場面や望む成果によってさまざまな種類がある。そこで以下では、交渉の種類と、またそれに関連し、必要と思われる用語を見てみたい。

■ミディエーション

「ミディエーション」とは、交渉者同士の緊張関係を修正したり、行き詰まっている交渉、または、敵対・対立する交渉を円滑にし、交渉者同士の摩擦やあつれき、それに紛争を決着させること、そして次のステップである「紛争解決」を促進するための第三者介入（調停）や仲介のことである。

特に国際紛争の調停でグレート・ミディエーターとして注目できるのが、元アメリカ大統領のジミー・カーター氏である。カーター氏が成し遂げた仕事の中で、世界的に最も有名になったのが一九七八年の「キャンプ・デービッド合意」であろう。この合意の後に、イスラエルとエジプトの間に「和平協定」が結ばれたのである。

この合意が生まれるまでのいきさつは、流血の長い歴史を持つ敵対関係であっても、交渉とミディエーション次第では互いの歩み寄りが生まれ、紛争も和解できる、すなわち「紛争解決」も可能であるということをドラマティックに証明したのである。詳しくは、第五章を参照されたい。

日本人はミディエーションの活用がうまいと述べたのが、前述のエドウィン・O・ライシャワーである。氏は、「日本人は、対立を避けて集団の連帯を維持するために、大幅に仲介者を活用します。微妙な取引においては、中立的な人間が双方の言い分を聞いて障害を避ける道を見出すか、さもなければ、公然たる対立やいずれか一方の面子の失墜といった危険をおかすことなく交渉を終了させます」と述べている。(『ザ・ジャパニーズ・トゥディ』〈エドウィン・O・ライシャワー著、文藝春秋〉)

■代理人交渉

代理人交渉他

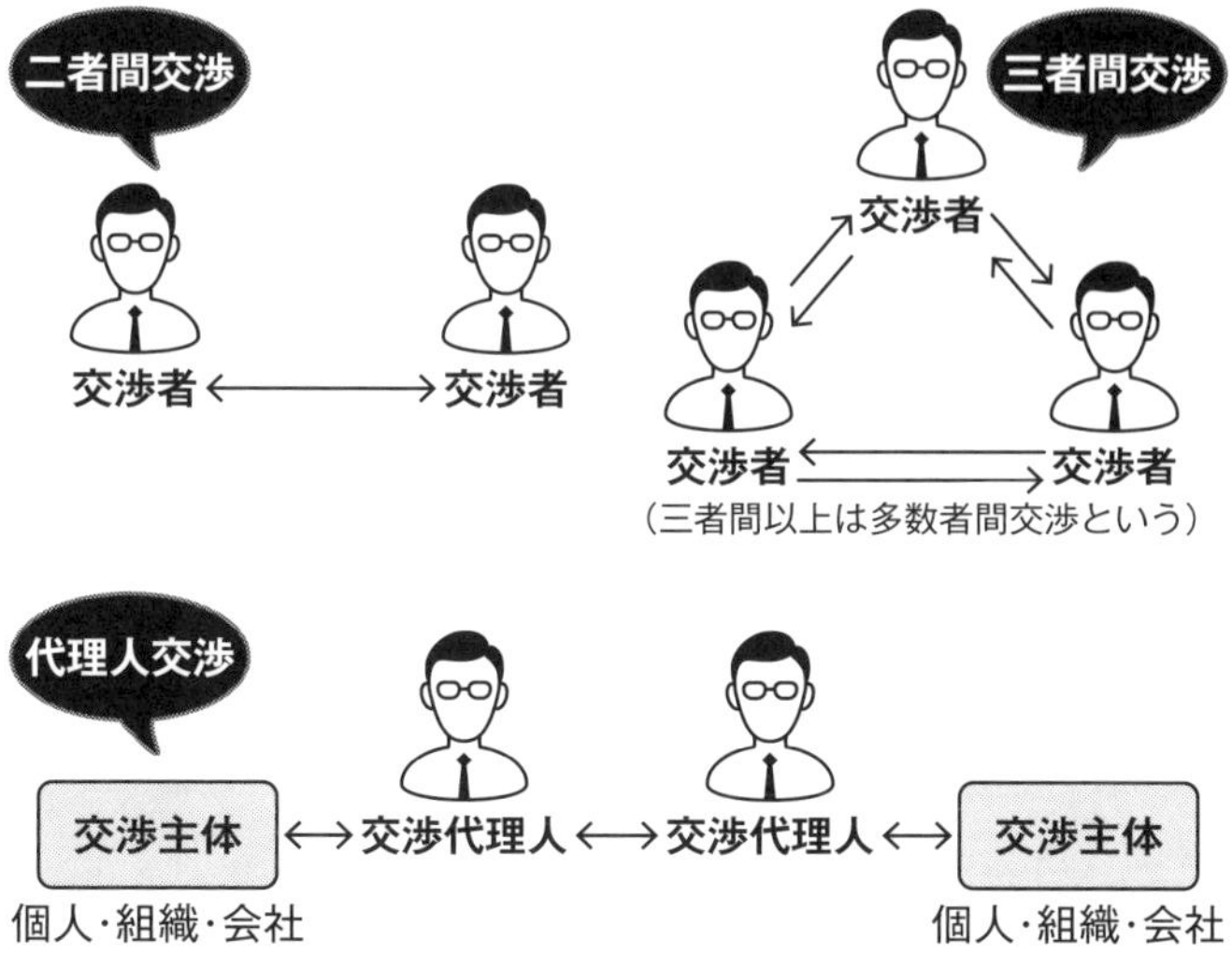

「代理人交渉」とは、弁護士などに依頼する法的な交渉のことである。日本人にはあまり馴染みがないかもしれないが、例として、メジャー・リーグで活躍する野球選手の代わりに、代理人が契約金や年棒の交渉を行うエージェント制がこれに当たる。

欧米などでは、この方法で紛争や問題を解決することは珍しいことではない。しかし、経費がかかり割高である。そこで、欧米のロー・スクールでは、一般の学生たちにも紛争・問題解決型交渉スタイルを教授するわけである。

異文化とのビジネスや法的な交渉を行う際には、腕の立つ交渉代理人を見つけておいたほうがいい場合がある。また、その際には交渉代理人本人の素性やバックグラウンド、経歴についても調べておく必要がある。理由は、一度依頼したら変更するのはそう簡単ではないからである。当面の「争点」となっている事柄にも精通しており、信頼関係を築け、的確なアドバイスをもらえる人物を選ぶべきである。

また、会社同士の交渉の際には、会社側に代わって「代理人」対「代理人」で行う交渉がある。これを、「対外交渉」と呼ぶ。

■外交交渉

次に「外交交渉」を考えてみよう。名著『外交』（東京大学出版会）の著者であるハロルド・ニコルソンによれば、「外交とは交渉による国際関係の処理」である。また、国際政治学者のフォイ・コラーは「交渉は外交の主要な道具である」と述べている。**「外交」をオムレツにたとえれば、「交渉」は卵の役割を果たす**といえる。（Negotiation as an effective instrument of American Foreign Policy : US Department of State Bulletin Vol. 38, June 2, 1958 参照）

世界的に著名な国際政治学者であるハンス・J・モーゲンソーは、**「外交とは調整による平和」**という言葉で表現し、「世界平和は国際上の交渉の合意によって初めて可能になる、その形成のために外交交渉は最も大きな貢献をする」と述べている。また同氏は、外交には歩み寄りが大変重要であることを主張する。そして、歩み寄りによって外交の成功のチャンスが訪れるためには、次の五つのルールを守る必要があるという。

①真の利益（国益）のためには、価値のない権利は放棄せねばならない
②退却すると面子を失い、前進すれば重大危機を招くような立場に立ってはならない
③弱い同盟の決定には巻き込まれてはならない
④武力は外交政策の手段であって、その主人ではない
⑤政府は世論の指導者であって、その奴隷ではない

同様の視点から、元駐米大使の松永信雄氏も外交を国益に関連させ、次のような興味深いコメントを残している。**「外交とは国益に資したか、国益を損なったかという結果が全てであって、その評価は歴史の手に委ねられる。だからこそ、何が国益かを見誤らない常識と、何があっても怯《ひる》まない勇気が必要である」**。

また、数々の対米交渉にも携わった経験から、「交渉では、互いの立場を尊重しつつ、かつ怯んではならない」と強調し、「米国との関係を例にとってもそうである。米国は世界でも最も自由で開放され、常に進歩を求めてやまない国である。日本は米国との同盟を基軸に経済大国へと成長し、自由主義、民主主義を確たるものとした。しかし、一方で米国も多くの問題を抱えているし、主張がいつも正しいとは限らない。時には、国内法を優先し、制裁の域外適用に走ったり、米国の価値観を絶対的なものと見る傾向もある」と述べ、「そういうときには、断固と正論を吐かねばならない。これは全ての外交交渉に共通する。正しい主張を貫いてこそ、お互いに尊敬も生まれるし、歩み寄りの余地も出てくる。歴史が動く時というのは、突然である。一度流れができると誰も想像できない早さで動く」と説く。外交の神髄をついた発言である。

　二一世紀初め、アメリカは、軍事力、政治力、経済力といったハード・パワーでは優位に立っている。しかし、政治学者のジョセフ・ナイ・Jr．が指摘するように、テロ事件や国際的な金融不安、エイズ問題、その他の問題には十分に対処できておらず、アメリカの強さは絶対的ではない。ここにアメリカの力がはらむ逆説がある。

　その打開策があるとすれば、文化や教育、国際貢献などのソフト・パワーである。さらに外交交渉においても、日本側からアメリカ側に対して「ソフト・パワーを用いて世界を魅了し、説得するためのスマート・パワーも必要だ」といった発言をすべし、というのが松永氏の主張であると思う。

ちなみに、外交交渉は目的によって種類も異なる。国際政治学者の木村汎《ひろし》は、それを以下の五種類に分けている。北方領土問題交渉のような「延長型」、南北朝鮮の和平を目指す「正常化型」、日露ポーツマス条約において樺太《からふと》の分譲を巡って行われた交渉のような「再配分型」、テロ撲滅にむけてのＡＳＥＡＮ地域フォーラムや、米中和平などの「革新型」、冷戦時代の米ソの戦略兵器削減交渉などの「副産物型」である。

■国際交渉・多国間交渉

「国際交渉」といえば、二〇世紀後半、国際問題の実体がフォーマルな次元で扱われていた時代の用語だった。例えば、外交官や大使、または国の公的組織の代表などが、人間的な感情を脇において、ポジション・ペーパー（重大問題について政治団体、政府などがその立場を詳細に述べた文書）に言及し、しかも国際問題や紛争問題に関する既存の論理と交渉メソッドを共有し合う、相手側の担当者とやり取りを交わすインターアクション（コミュニケーション行動）と定義できる。

ただし、交渉学者のI・ウイリアム・ザートマンや、元慶應義塾大学政策・メディア研究科教授の碓氷尊《うすいみこと》によれば、環境についての「国際交渉」は、環境という「共有資源」の共同管理の原則、規範、ルール、手続きについて国際的な「合意形成」を図るものも含むようになっている。これには、各国の政府関係者のみならずNGO（非政府民間公益団体）や大学の研究者、その他の国際機関やシンクタンク、また環境分野の専門家や市民グループも含む場合があり、国と国同士のあらゆる分野の人々の協力が必要となるので、国際交渉というよりは、「多国間交渉」という用語が使用されてきている。

多国間交渉のプロセスを特徴づける一般的パターンがあるとすれば、**「三つのC」**が挙げられる。すなわち、**関心（Concern）**を高める議題設定、**契約作りの基盤（Contractual environment）**を整備するルール作り、それに**能力（Capacity）**を高める、という三段階の仕事が識別されている。

特に、国際的な交渉やミディエーションは、至難な業といわれている。なぜならば、相手の交渉方法やその特徴を予測できる国内の交渉とは違い、予測ができない要素や文化的相違から生ずる利害の対立が存在しているからである。

■異文化ビジネス交渉

政治や経済、金融社会のますますのグローバル化に従い、国際間、異文化間、民族間の交渉が大変重要な要素に位置付けられてきている。**「異文化ビジネス交渉」とは、「二つ以上の文化背景の異なる企業グループの利害が一致したり、相反したりするのを調整しようと試みる、相互のインターアクション」**のことである。異文化ビジネス交渉については後の章で詳述するので、ここではビジネスにおいてなぜ交渉が必要なのか、要点を示しておきたい。

①企業や組織発展のため
②個人の業績向上のため
③提携やM&Aなどのため
④商品やサービスを安く購入するため
⑤他部門の人たちの協力を求めるため

⑥会議を開催し、納得のいく結論を出すため

⑦新規開拓をするため

異文化間のビジネス交渉のプロセスは、「取引」、「交換」それに「提携」において自己の利益や金銭的メリットをいかにすれば最大化できるかという、勝つか負けるかの競争的「ゼロ・サム交渉」が最優先される流儀が多い。しかし、近年においては、全世界で**数多くの提携（アライアンス）が異文化ビジネス交渉を通して締結されている**。しかも、半数以上が競合する企業間で結ばれているというのである。

第二章

「ハーバード流交渉術」とは

―「対決」より協創の「和」を求めよ

二元論と東洋思想の融合

ここからは、本書のテーマでもある「ハーバード流交渉術」について解説していく。この交渉術を筆者なりに要約すれば、**「相手の要求も満たしつつ、自分の要求を通す交渉術」**のことである。東西冷戦まで欧米のビジネスや法律の世界、それに国家と国家の間でアリストテレス型「二元論」に基づいて繰り広げられていた、**勝つか負けるかの「ゼロ・サム交渉」を、我々日本人にも馴染みのある東洋思想ともいえる「中庸」や「共生」、「フュージョン」に重きをおいた思想に融合させて開発された理論**といえる。

別の見方をすれば、この「ハーバード流交渉術」の理論は、西洋から東洋ではなく、東洋から西洋へ変容された「ふきかえ文化」現象であり、「異文化屈折理論」ともいえる。

同じく、二〇世紀の最も著名なノーベル賞受賞科学者と称されるアルバート・アインシュタインの「相対性理論」や、人間同士のコミュニケーション理論を展開したアルフレッド・コージブスキーの「一般意味論」も、「非アリストテレス紛争解決型」または「問題解決型理論」に基づくものである。

それまでの西洋では、歴史的に、相対性を否定する「勝つか負けるか」や「キリスト教徒か異教徒か」という対立する両極端な考え方に支配されてきた。このような論理体系は、流血の惨事や紛争の主たる原因だったのである。前述のロジャー・フィッシャーも、二元論的な見方の危険性を「交渉学」に見たようである。そして、新しいパラダイムとして紛争の決着と解決を目的する「反二元論」理論、すなわち「中庸」を認めるハーバード流交渉術を構築したのである。

ロジャー・フィッシャーの追求した交渉力とは、集約すれば、**「対決よりも和を求めよ」**に基づくコンセプトであり、決してハードな交渉ではない。「ハーバード流交渉術」では、いかなる交渉においても次の三つのことを事前に考えて交渉に臨めと説いている。

①誰を説得するのか
②その相手は、どのような決断をしようとしているのか
③どうすれば、その決断を変えられるか

ゼロ・サム交渉とウィン・ウィン型交渉とを区別する

ハーバード流交渉術の特徴は、「ゼロ・サム交渉」（一方が勝ち、他方が負ける。あるいは限られた利益を奪い合う）ではなく、**交渉によって互いの利益を増す「プラス・サム交渉」**、**言い換えれば「ウィン・ウィン型交渉」で臨め**ということである。これらを分類すると、左図のようになる。

立場の異なるものが同じテーブルにつき、解決に向かうためには、交渉の初めに**「守るべきことについて自分は守ります。責任を負います」「双方で合意したことに対しては、自分も責任を負います」と誓い合うことが重要**である。

それ以外にも、双方が周知しているルールや法律があるならば、その内容について事前に確認しておく必要がある。そうしておくと、交渉が紛糾しても、いったん原則やルールに立ち戻って、原則にかなう事柄から整理し直すことができる。これが、「ウィン・ウィン型交渉」の基本でもある。

ウィン・ウィン型交渉とゼロ・サム交渉

	ウィン・ウィン型（プラス・サム）交渉	ゼロ・サム交渉＝分け前獲得
スタイル	双方がメリットを探求（相互相乗）	勝つか負けるか（ディベート型）
戦略	相互に利益を掘り起こす	闘争を通して利益を勝ち取る（要求中心）
条件	多種多様	単一的
前提	可能性が多い	資源が限定されている
両者の関係	継続ありの長期決戦	その場限りの短期決戦（一回ごとの取引）
結果	win-win（互いの利益が増す）	win-lose（一方が勝ち、他方が負ける）

なお、分け前獲得を目的とする「ゼロ・サム交渉」は、自分の立場（ポジション）を守るスタイルを取るので「ポジショナル・ネゴシエーション」と呼ばれる場合もある。近年では、交渉の対立解消法が、ポジショナル・ネゴシエーションから、お互いのメリットを求める交渉スタイルに移行している。ロジャー・フィッシャーは、これを**「原則立脚型交渉（principled negotiation）」**と名付けた。

原則立脚型交渉のポイントである、方法・立脚型原則・ゴールをまとめると次頁のような図に表わすことができる。

ロジャー・フィッシャーやウイリアム・ザートマンなどの交渉学の専門家も、交渉事項が一つでも複数でも、二者間でも多者間で

ハーバード流「原則立脚型交渉」の要点

方法	立脚型（対立解決型）原則	ゴール
人と問題を切り離す	人間関係の問題と実質的な問題を分けて考え、それぞれに直接取り組む	理性と感情のバランスを取る
立場ではなく関心事に焦点を合わせる	交渉に関わる人々の関心事（利害）を理解し、全体をまとめる	交渉に関わった全ての人々の最大の関心事を反映した形で合意する
お互いに利益が得られるような選択肢を作り出す	交渉のそれぞれの段階で現実的な解決策を求めている間は、その解決策を作り出すことと最終的な決定を切り離して考える	隠された資源を明らかにし、少ない資源を効率的に利用する
客観的基準の利用を強調する	客観的な尺度とフェアーな手続きを利用し、意地の張り合いを避ける	合意の方法を決めるためのルールを確立する

も、二国間でも多国間でも、あるいは団体交渉のような儀式的なものでも（一般に交渉学では、団体交渉を研究対象から外しているが）、またテロリストとの取引のように即興的なものでも、原則立脚型交渉は適応されるという。

兵法に通ずる交渉術

前述したが、ハーバード流交渉術の流儀は兵法に通ずる点があるので、まずはそれについて述べることから始めたい。この言葉をもう一度紹介する。

「敵を知り己を知れば百戦危うからず」

この有名な『孫子』の一節は「百戦百勝は善の善なるものにあらず。戦わずして人の兵を屈するのは善の善なるものなり」が本来の意味である。また、孫子は**「仁も重んぜよ」**ともいう（仁＝「人の心と法の精神」）。

ではその目的達成のためには、いかなることから始めなければならないのであろうか。それにはまず、国内での政治をしっかりと固め、政治的に紛争の解決を図ることである。戦

ハーバード流交渉術の要点

諸子百家の思想＝モンテスキューの法の精神 ― 闘争的対決思想

↓　↓

紛争解消法	ハーバード流交渉術（対立から協創）	紛争・暴力・戦争
相手をどう見るか	競争者から協創者	敵
交渉目的	双方の利潤探求	相手から強制的に利潤を取る
交渉態度	双方で対立点を模索し解決	勝つか負けるか。攻撃的
譲歩ゾーン	最大――多い	最小――少ない

争に訴えるのは「最後の手段」であり、万が一やむを得ない場合に限られている。これは、ほかの兵法にも共通して見られる思想であり、「諸子《しょし》百家《ひゃっか》」と同じ基盤に立っている。

兵法は現代でも有効性を失ってはいない。『孫子』に至っては各国語に訳され、時代を生き抜いてゆくべき人やリーダーにとっての必読書といわれている。ハーバード流交渉術と『孫子』を始めとする諸子百家の思想は、「紛争の解決を目指す」という点で共通する部分が多いといえる。

「交渉」は、全人格なコミットメントを要する。言辞のほかに、人となり（人物）、気力やユーモア、それに戦略・戦術・作戦力に預かる所が多い。自他をどのようにバランスさせるかが交渉の要であるが、国家間の相互依存度が加速的に進行する二一世紀の現代、国際交渉や異文化交渉に携わる交渉者は、**「世界の平和と経済の秩序があってこそ国の繁栄がある」**というフィロソフィーを持つことが必要である。

「商業は破壊的な偏見を癒す。しかし全ての融合は相互的な欲望に基礎を置く」という言葉は、フランスの思想家モンテスキューが「法の精神」で述べたものである。ロジャー・フィッシャーの原則立脚型交渉理論は、諸子百家やモンテスキューの思想に影響されているると思われる。こうした思想を、その対極にある「闘争的対決思想」と照らし合わせ、筆者なりに要点を整理すると右図のようになる。

ハーバード流交渉術を身につけるには

――「反対・粉砕・阻止」から「参加・提言・改革」の時代へ――

では、交渉を有利に進めるためには、どのような方程式の要素を考慮すればよいのかを、ハーバード流交渉術に照らし合わせて見てみよう。

ハーバード流交渉術のポイントは、「相手の交渉者に対して、**『あなたに対してこれだけは、絶対に譲れない』というポジショナルな態度で臨むべからず。互いの満足度を最大限にする生産的な交渉を目指せ。相手を打ち負かす闘争的交渉は止めよ**」ということである。これができない人が多いがために世の中に紛争、摩擦、果てには戦争が勃発するのである。

ロジャー・フィッシャーが筆者に「紛争は人の心の中から生まれる」と述べたことが想起される。問題はハーバード流交渉術ができない、組織のトップやリーダーの数が多すぎるというのが氏の見解である。

氏が説くハーバード流交渉術の方程式は、以下の四点に集約できる。

1 「人」と「問題」を切り離す(互いにプラスになる共通項目を探る)

相手の「人」に対する人間的問題(個人的感情)と実質的な問題を切り離すことは、「ディベート」に慣れている欧米人にとっては、容易なことである(一一六頁の「『ディベート』の基本ルールを身につける」も参照されたい)。つまり、彼らは嫌いな相手でも交渉を行える。しかし、これは日本人などほかの文化の人にとっては難しい。

日本においては、**「人（人間関係）」**と実質的な**「問題（関心事）」**という二つの要素は、得てして取引の際に重要な核として位置付けられている場合が多い。日米の企業事情に詳しいハワード・ヴァン・ザントは、論文の中で、ある有名なアメリカの会社社長の態度が気に入らなかったために、その会社との交渉を取り下げた日本人社長の例を挙げている。日本の社長は、本来であれば大いに儲けられるはずであった交渉を打ち切り、儲け額は多少少なくても、自分と気の合う別の会社と交渉を行い、商談をまとめたのである。ザントは、このようなケースは利益追求型社会であるアメリカでは考えられないという。

そうした傾向は、日本の政治家にもよく見受けられるだろう。国会において、「議案（関心事）」は国益や住民のためを考えると賛成だが、敵対する政党に属する「人（相手への感情）」の意見だから反対だという場合である。

政治家にとって必要なことは、納税者にとって何がプラスなのかを考え、また、国益にプラスとなる共通の関心事に焦点を当てることだというのが、ロジャー・フィッシャーのアドバイスである。例えば、国論や重要法案を論じることが政治家にとって必要条件である。が、天下国家に関係のない案件に対して代替案を述べず、反対の反対の議論や水かけ論ばかりをする政治家も存在する。それでは、時間と労力と税金の無駄であり、**「会議は踊る、されど進まず」**状態となる。これでは、国民は納得しない。組織の会議などでも同じことがいえる。

政治屋、（a politician）の最大の関心事は、次の選挙のことであろう。だが、政治家、（a statesman）の最大の関心事は、一〇年、二〇年後の国家の未来成長戦略や国益、それに次世代への贈り物であるべきだ。かつて大統領を務めたジョン・F・ケネディは、その意味でも「偉大な政治家」であった〈詳しくは拙著『ケネディの言葉 ―― 名言に学ぶ指導者の条件』〈御手洗昭治編著／小笠原はるの著、東洋経済新報社〉を参照されたい〉。

ロジャー・フィッシャーは「国際関係や外交関係における一つひとつの決定においても、それ自体の利害である関心事に焦点を合わせて行うべきであり、友好関係や信頼関係や譲り合いを期待して行うべきではない」とも指摘する。

2 立場ではなくお互いにとって共通の関心事に焦点を合わせる

交渉における基本的な問題は、表面上の立場〈筆者はこれを「建前」と呼ぶ〉ではなく、「本音」である願望や欲求、**「関心事（メリット）」**のぶつかり合いや対立にある。ロジャー・フィッシャーはこうした要素を「利害」と呼んでいる。

交渉を行う際、察しのいい人は相手の本音が分かるといわれている。ただし、欧米では、察しや以心伝心に長けた交渉者は少ない。一昔前まで、日本人の交渉者は「察しがいい」といわれていたが、最近では日本も、お互い言い合わねば理解し合うことができない「ロー・コンテクスト文化」になってきている。

交渉や紛争解決で必要なことは、**相手の関心事を見つけ出す**ことである（これについては、第五章の「キャンプ・デービッド合意」を参照されたい）。また、当事者同士の利害（関心事）を調整するには、利害のリストを作るのが方策である。交渉（会議なども含む）の際に黒板、ノートなどを活用することも有効な手段の一つである。

先に紹介した例を思い浮かべてもらいたい。

牛乳の嫌いな子供に牛乳を飲ませるため、その効用と大切さを母親が説いたとしよう。それは説得であり交渉ではない。だが、その子供が言われた通り牛乳を飲み、その代わりとして何かを買ってほしいと言った場合は、それが交渉のファースト・ステップである。この場合、母親の最大の関心事は子供の健康維持であり、子供が牛乳を飲んだことでその関心事は満たされる。子供の関心事はこれまでずっとほしかった音楽のCDであったので、母親からの交渉を受け入れる代わりに、自分の関心事を満たすことができる。これが、「双方の関心事を満たす」というハーバード流交渉術のベースである。

3 多くの選択肢を探る（オプションズ）

ハーバード流交渉術では、**何かを決定する前に多くの選択肢（判断材料）を考えよ**、と説く。**目の前にある判断材料だけに結論を求めるのではなく、より多くの選択肢を見出さなければならない**。これには、二人の姉妹が一個のオレンジを巡って論争（ケンカ）をする例（八一頁の「オレンジの皮と実交渉」）を参照されたい。これは、オレンジ一個をうまく分けるという選択肢が考え出せなかったために紛争が起きていることを物語ったケースである。解決法は、二人が妥協点（選択肢）を見つけることである。結果的に、姉はジュースを作るためにオレンジの実が欲しかったが、妹はママレードを作るためにオレンジの皮を使いたかった、という双方の欲求を満たして解決する。

かつて、「日本は、外国から米は一粒たりとも輸入できない」（答えは一つ）と外国米輸入に反対の主張をして世界の話題に上った大臣が存在したが、**最初から反対する前に、まず双方にとってメリットのある選択肢を複数考えよ**、ということである。

ところで、筆者は日本通のある外国特派員から、「日本人には、政治家も含めオプション思考型人間が少ない」と聞かされたことがある。なぜだろうか。これは日本の受験制度にも関係しているらしい。日本の受験問題を見てみると、与えられた問題の中から正しいものを一つ選ぶ方式のものが多い。自分から問題を探し出し、それに対する解決法などの回答を書くという方式の試験が少ないので、「指示待ち型タイプ」の数が多くなるのだという。

欧米では、入学に当たっても私見を述べるエッセー型の筆記型試験が一般的であり、さまざまな角度から論争し、問題解決の提案を出せることを訓練するシステムで教育を受ける機会が多い。日本の小論文方式とは違う。エッセーとは、英語の意味からすると「知的論争」で、アーギュメント（口論）を中心に展開する、「口で行う戦争・闘争」である。このため彼らは、賛否・両論型思考に加え、オプション型思考で考えることにも慣れている。

もちろん、「光の速さは」といったように一つの答えを求められる問題もあるが、賛否両論のある争点を巡って論争できる問題に対しては、多くの回答が可能である。次のような例がそれに当たる。

エネルギー問題についての会議の席で、参加者Aが「原子力電力使用には反対」と主張したとしよう。その際に参加者Bが、**「ほかに選択肢はあるのか」**などと問い返すことがオプション思考を養うために必要な問い掛けといえる。さらにそれに応えて、Aが「ドイツも原子力発電所の建設を二〇〇一年五月より停止した。原発に変わるクリーンエネルギーには、風力発電、太陽電池、水力発電、沖縄に見る海水を利用した世界初の発電、その他……」という選択肢を出したとしよう。これが、オプション型思考であり、同時に、**「ほかに何か良い方法があるのではないか」**というタイプのポジティブ思考にもつながる。

4 客観的基準を探る

最後は、**「結果は何らかの客観的基準に基づくものとせよ」**ということである。例えば尖閣諸島の問題も、客観的基準である国際的に認められている法、すなわち「条約」をひもといていけば、「沖縄の尖閣諸島は日本の施政下にある領域（領土）にあり、日米安全保障条約第五条の適応範囲で、米国は日本の施政を損なおうとするいかなる行動にも反対する」となっている。この「条約」こそが客観的基準である。

こうした基準を考えるには、次の点に注意すること。

①まず、争点（問題となる点）の枠組みを決め、客観的な基準づくりを双方で行う

②双方にとって、どの基準が妥当であるか、またそれをいかに実行に移すかについて理を尽くして話し合うこと。つまり、関係者の誰から見ても公平な基準かどうか、また皆も満足する基準かを考える

③相手からのプレッシャーには屈せず、問題解決型の原則に従う

「ボトム・ライン」を見極める

有能な交渉者の条件は、交渉開始から合意までのステップを考える際に、**交渉で重要なこと、問題になることは何かを予め知っておくこと**である。要約すれば、「誰を説得するのか」「相手の目に映っている選択肢は何か」「相手がこちらの望むような決定をするには、その選択肢をどのように変更する必要があるのか」「相手の選択肢を変えるには、どうしたらよいか」である。
そのためにも最初に考えるべきことは、自分が**「これ以上は妥協・譲歩できない」という線、すなわち自分側の「ボトム・ライン」を見極めること**である。また、相手側の「ボトム・ライン」を探る必要もある。

例えば、売り手であるAが「自分の商品は一〇〇万円以下なら売る気はない」と提示しているが、買い手であるBは「五〇万円以上の値段なら購入する気はない」と言っているとしよう。この幅が交渉の余地となる。しかし、Aが腹の中では「実は八〇万で売ってもよい」と思っているかもしれないし、買い手のBも、「七〇万円ぐらいなら支払ってもよい」と思っているかもしれない。この最大限譲歩できるラインを「ボトム・ライン」と呼ぶのである。

ただし、である。多くの交渉者は、最初の交渉の際に「イニシャル・オファー（最初の提示条件）」から高めのボトム・ラインを考えがちだ。なぜなら、交渉の最中に自分が相手の要求に対してすぐ譲歩してしまうのではないかという心理的不安から、高めのボトム・ラインを設定し、自分を拘束してしまうからである。

七つのチェックリストで戦略を探る

以上のことを念頭に置き、以下の「七つの戦略チェックリスト」を基に交渉戦略を探ってみよう。これは、先に述べたハーバード流交渉術の方程式の四つの要素を土台に、筆者がより実践的な形にしたものである。

1 相手の関心事、最も欲しているものは何かを考える

自己の最も大事な「関心事」（主として欲しているもの）は何か。加えて、相手側の関心事は何かを考える。また、相手側の選択は何か、自分は相手側に問題を与えているのか、それとも解決策を与えているのかも考える。

2 対抗提案を考える

これは、相手の提案に合意できない場合、ほかに何をなすべきか、ほかの案はないかなどと、**「対抗提案（代替案）」**を考えよということだ。言い換えれば、交渉が決裂しそうな場合に対しての「次善策」ともいえる。これを**「BATNA（バトナ〈Best Alternative To a Negotiated Agreement〉）」**と呼ぶ。

例えば読者が自分の車をディーラーに売る交渉をしているとするならば、最初に考慮すべきことは、この交渉が成立しなければ、自分の車をどう扱うことになるかである（交渉が決裂した際の別な方策＝BATNA）。交渉が不成立になった際、仮にほかに確実な売却先があれば、その売却可能な値段がボトム・ラインであり、当面自分の車を売却せずに所有するのであれば、今後その車を保有して得られる利便性や現時点の価格の合計をボトム・ラインとしていなければならない。

交渉を行う際には、常に自分側のBATNAは何かを考えると同時に、相手側のBATNAは何かを考える必要がある。

では、対抗提案によって交渉を成功させる鍵は何であろうか。これにはまず感情的にならず、理路整然と相手側に**"Why-Because"（なぜか・なぜならば）**のロジックで説明する必要がある。そのためには、論理的な説明方法で自分の言い分を、「なぜならば（Because）」と述べ、さまざまな対抗案に関しての「強点」と「弱点」を分析し、説明を加える。最後に、交渉中に起こっている問題点（争点）を解決するための「最善な案」を選び、その理由を相手側に説明して理解を促し、問題の解決に導いていくのである。交渉が決裂したり、失敗に終わる場合は、以上のような論理構成が明確でないことが多い。

3 オプション・選択肢の提案を用意する

オプション（譲歩の提案）など、別の合意を見つけることができるか、それは双方にとっても利益となる解決案か、など多くの選択肢を考えておく。

4 正当性・合法性にも配慮する

客観的基準や前例を含んだ上での公正な基準を用いているか、相手側にアピールしたり納得できる基準は何かを想定しているか、誰から見ても相手が不満を感じない提案かどうかを考える。

5 コミュニケーションに注意を払う

自分側は、相手側の話に耳を傾けているか、オープンであることを相手側に伝えているか、情報の伝達が明確で分かりやすいかに注意を払う。また、要領を得た説明や説得をしているか（異文化交渉の場合には、相手側の文化の枠組みの中で、的を射た説明や説得をしているか）、相手の行動や非言語メッセージをキャッチしているか、自分のボトム・ラインは何か、相手のボトム・ラインは何かを探っているかといったことにも気を配る。

6　相互の関係を考える

相手側の交渉者との意思疎通を良くしたり、または改善を図ろうとしているか、また、お互いの立場やセクションの利益ではなく、問題の本質に重点が置かれているかを考える。準備として双方でどうすべきかを十分に考え、進むべきステップや戦略を整えておく。

7　コミットメントを検討する

効率の良い交渉を行うには、どこで合意するかを考慮する必要がある。国際基督教大学名誉教授の土居弘元は、「コミットメント」を「落とし所」という用語に訳し、「良い交渉をするにはどこで終了するかについて十分に考えておかねばならない」と述べている。交渉を中断してしまうのでは時間と労力の無駄になる。したがって、準備した資料や情報を基に、どこで合意するのかを常に考えておくことが必要である。

4ステップ分析法で行動計画を立てる

そのほか、実際の交渉ではさまざまな障害によって問題解決が阻まれる場合も多い。ロジャー・フィッシャーは、次のような段階を経て「戦略」を考える必要があるという。

まず、クリアーしなければならない課題・問題を明確にし、問題解決を阻むさまざまな障害を明らかにする。そして障害を予防・回避・克服する方法を考え、その方法を実現するための具体的な行動計画を立てるのである。

これを基にしたのが、次の「4ステップ分析法」である。例として、次のような状況を考えてみてほしい。

読者はある会社の交渉担当者であり、全権を依頼されている。しかし重要な契約交渉と調印式を迎えた前日に風邪の症状が出てしまった。交渉の詳細や情報は自分しか知らないし、資料もない。相手側の関係者も調印式の後は別の契約のため、海外に飛び立つことになっている。

この状況に対してどう対処すべきだろうか。

ステップ❶　症状を把握する——身体が熱っぽくなってきた。「風邪ではないか？」と障害を把握する。明日の朝までに治す必要がある。

ステップ❷　原因を診断する——昨夜寒い部屋で夜更かしをしてしまったからか？

ステップ❸　治療法を検討する——①病院に行き、注射を打ってもらう。②早めに帰宅し、部屋を暖め、消化の良いスープでも食べて、漢方薬を飲み早めに床につき回復を祈る。③薬局で即効性のある風邪薬を購入し、安静にする。

ステップ❹　具体的な行動計画を提案する——①②③の中からベストな方法を選んで実行する。

実際の交渉の場ではより複雑な障害が立ちはだかる場合も多いが、障害を克服するまでに必要な思考プロセスは汎用的に応用できる。

どんな紛争や対立にも過去のいきさつや原因があり、お互いにメッセージを送ったり、言

４ステップ分析法

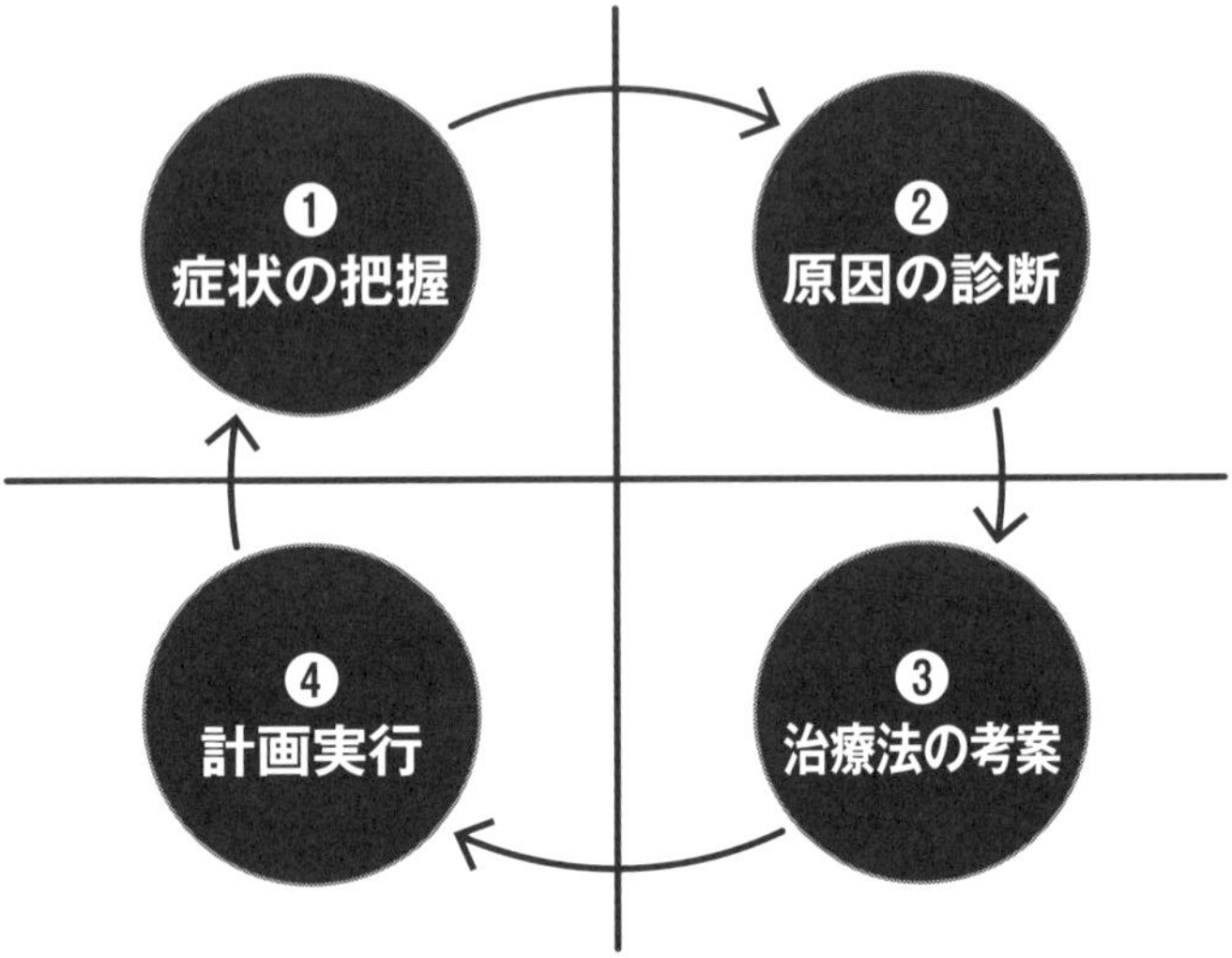

い分をぶつけ合ったりしてきたはずである。しかし、それらがいずれも失敗だったからこそ、紛争が生じ、続いていることを忘れてはならない。

　この分析法と、先に述べた「七つの戦略チェックリスト」を併せて考慮すれば、交渉の際に見受けられるさまざまな問題をどのように整理すればよいのかが、より明確になるであろう。

オレンジの皮と実交渉

優秀な交渉者の資質と条件について、フランスが生んだ名外交官であり、グレート・ネゴシエーターといわれたフランソア・ド・カリエールの論を紹介したい。

「交渉を成功させる最も確かな方法があるとすれば、交渉相手がこちらの提案（要求）を、自分にとって有利だと思うように仕掛けることである」

まず、これについて参考となる事例がある。二人の姉妹が一個のオレンジを巡って奪い合い（不毛な闘い）をするという、言い換えれば「思い違い交渉」の例である。

姉も妹もそれぞれが「そのオレンジをほしい」と言い張った。しかし、よく話を聞いてみると、**「姉」がほしかったのは、ジュースを作るためのオレンジの「実」**であり、**「妹」がほしかったのは、ママレードを作るためのオレンジの「皮」**であったという話である。この事例には、次のような到達点が考えられた。

①オレンジを姉か妹のいずれか一人が手に入れる（win or lose型ゼロ・サム交渉）。**その結果は喧嘩**（紛争）**が起こる**

②オレンジを姉と妹で「半分ずつ」に分ける（win and lose型ゼロ・サム交渉）。**結果に対して不満が残る。紛争は決着したが解決には至っていない。再度、喧嘩が起きる可能性がある**

③オレンジを手に入れるいずれかが、対抗提案としてリンゴを差し出す（win or lose/win and lose型交換ゼロ・サム交渉）。**紛争は決着**（または、解決）

④オレンジの中身と皮を分け、中身を姉が、皮を妹が手に入れる（win-win型プラス・サム交渉）。**結果は「双方が満足」で一件落着**

以上のように、交渉には自分の関心事のみならず、相手の関心事があり、やり方によっては「ウィン・ウィン型交渉」に変化させることができる。そのためには、“Why”を有効に使うことが必要である。「なぜオレンジがほしいのか」が判明すれば、不毛な対立関係は解消されるのである。

次に大切なことは、交渉には多くの着地点があり、**双方の交渉者が結果について満足し**

なければならないということである。ビジネス交渉は無論、異文化や国際交渉において、一方に不満が充満したままになる「win or lose 型ゼロ・サム交渉」では、結果は必ず覆される。以上の点にも着目すれば、より良い交渉結果につながるであろう。

交渉者に必要な八つの資質

「カリエール論」は、今でも経営大学院やロー・スクールの交渉学の教材の一部として使用されている。カリエールの著書『外交談判法』（岩波書店）は、国際交渉の理論と実際に関する作品である。外交官を志す者、大使として活躍している者、そして大使を任命する君主に対して、交渉者に必要な資質や交渉の方法が著されている。本書は一八世紀の外交官たちによって教科書とされ、また幕末から明治にかけて日本に駐在し、日英親善に大きな貢献をした英国の外交官であるアーネスト・サトウ氏からも、「政治的叡智の宝庫」と絶賛されている。その本質は現代社会で広く行われている一般的な交渉においても十分通用するものである。

企業のトップとして活躍されている方々は、自らが交渉の場に臨むということもあろうが、自分の部下に他企業との、あるいは顧客との交渉を担当させる場合も多いであろう。そうした場合に、トップとしてはどのような人材を送り込めば交渉をうまく進めることができるのであろうか。どのような資質を備えた人物であることが望ましいのか。また、交渉者はどのような人物になることを目指せばよいのか。

カリエールはいくつもの資質を挙げているが、中でも交渉者にとって最も重要であり、また基本となる要素は以下の八点であるという。

①注意深く勤勉な精神

浮薄《ふはく》な快楽や慰みごとに溺れるようなことがあってはならない。

②正しい判断力

物事をあるがままに把握し、目標に対して最も近道で無理のない方法でアプローチできなければならない。

③洞察力

人の心を読み取り、相手の表情のちょっとした変化をも利用できなければならない。

④機略縦横の才

交渉を続ける過程における利害の調整に当たってのさまざまな障害を、たやすく取り除くことができなければならない。

⑤沈着さ

思いがけない出来事に見舞われても、うまく受け答えができ、危機に陥っても分別ある解答でその場を切り抜けられる沈着冷静さを身につけていなければならない。

⑥忍耐強さ

相手の言うことに、いつでもじっくりと耳を傾けていられなければならない。

⑦自制心

何を言うべきかをよく検討しないうちにしゃべりだしてしまったり、相手の提案に関してよく考えもせずに返答しようとするなど、見栄を張ってはならない。

⑧度胸

思いがけないことが起こったときに、動揺して表情が変わったり、話し方が乱れて秘密を知られてしまうなど、恐怖により自分の任務に有害な影響を及ぼしてしまうことは許されない。

一見、これらの資質は至極当然のものであるようにも思えるが、全ての資質を総合的に身につけることは簡単なことではない。交渉を進めていくうちに、最初に決定した行動指針が状況の変化により、もはや最大のメリットをもたらさないことが明らかとなっていても、それに執着して失敗してしまう人がいる。また、相手側の視点に立てば理解できることを考慮せずに、交渉を失敗させてしまう人がいる。それは交渉者に必要な資質が欠けているがために、ミスを犯してしまうのではないだろうか。

異文化ビジネス交渉の四つのステージ例

ここではハーバード流交渉術の理論を基に、より読者がイメージしやすいよう、ビジネスの場を想定して、交渉の進め方を説明する。ハーバード流交渉術は、異文化ビジネス交渉においても機能する。例えば、個人対個人、また自分の所属する組織とほかの組織、国内の企業間や異文化間のビジネスにおいて、**利害の衝突や対立関係の日常的な発生は避けることのできない現実**である。ハーバード流交渉術を知識としてだけでなく、実践的に活用することで、読者の交渉力を高めていく一助となれば幸いである。

異文化間のビジネス交渉は次の四つのステージから成り立つ。また、各ステージに独自のコミュニケーション・プロセスが見られるのでその一例を紹介したい。

1 オープニング・ステージ

①エンパシー（同情・共感）を表明をする

「お気持ちは理解できます。双方が満足する同意を得たいと思っています」

②自分側の問題について苦情を言う

「苦情は言いたくありませんが、最近の貴社の製品には多々問題がありましたので……」

③話題に入る

「まず、次のことを申し上げたいと思います」

④以前の話し合いを思い出させる

「私の記憶では、その件については、我々はまだ話し合っておりません」

⑤期待の表明

「問題が、全て双方にとって満足がいくように決着することを望んでいます」

2　駆け引きステージ

①意見を求める

「新製品を日本市場に導入することを、どのようにお考えかお教えください」

②希望内容の表明

「市場価格を反映しない不当な価格で我々の関係が損なわれないことが肝心です」

③承認を求める

「次のような提案は、基本的には良い考えだと思っていただけるでしょうか」

④意見を述べる

「失礼ながら、貴社が見過ごしておられそうな個所がいくつかあります」

⑤仮説を立てる

「もし貴社がそういう行動を取られたならば、我が社は生き残れません」

⑥今後の話し合い

「我が社の需要見通しから見ると、市場は飽和状態に近づいていると思われます」

⑦再表明

「言い換えると、現在の価格付け協定では、我が社は生き残れません」

⑧条件を述べる

「市場調査の結果が良い場合のみ、それを実施する用意があります」

⑨緊急措置の必要性を強調する

「我々がもうこのままやっていけないのは明らかで、何かの措置をしなければなりません」

⑩忠告・提案の却下

「それは非常に面白い考えですが、現実的だとは思いません」

3 紛争ステージ

①提案を求める

「我々は途方に暮れています。あなたのほうに良い提案がおありでしょうか」

②情報を明確にする

「すみませんが、もう一度そのことについて説明をお願いいたします」

③提案をする

「これまで話し合ったことを振り返って考えてみたいです。少し休みませんか」

④結論を出す

「それが貴社の最終提案ということでしょうか」

⑤やっかいな質問をはぐらかす

「私はそこまで、言いたくないのですが」

「それについては、私は特に考えを持っていません」

⑥意見を言うのを避ける

「それについては、何も言える立場ではありません」

⑦言い訳をする

「事が予想どおりに進まなかったのは、我々の責任ではありません」

⑧反論する

「残念ながら、その点について誤解があるようですね」

⑨相手を正す

「差し支えなければ、あなたの言われたうちの一つは修正したいのですが」

⑩自分の理解をチェックする

「私が間違っていたら正していただきたいのですが、我々は価格を決めてから、長期合意について話すことに同意したのではなかったのでしょうか」

⑪自分の言ったことがよく理解されたかをチェックする

「はっきり申し上げたかどうか心許ないのですが……」

4 合意ステージ

①合意に達したことの確認

「我々は合意に達したようですね」

②コミットメント

「この協定の義務を遂行することを約束します」

③相手を安心させる

「心配するほどのことではありません。我々はその問題にちゃんと対処いたします。御社とは今後とも、末長くお取引させていただきたいと思っております」

（M. Usui material & R. March A Basic Guide to International Negotiation などを参照）

交渉がこじれそうになった場合の対処策

では、交渉が成立せずに難航したり、決裂しそうになった場合にはどう対処すればよいのであろうか。

初対面のビジネス交渉の場合には、少し変だと察したら、手を引くことも考える。特に相手が欧米系で、仮に「そのような条件を受け入れるぐらいなら、交渉が決裂してもかまわない」と考えるのなら、相手に対して「急に状況が変化したため、今回の交渉はなかったことにしましょう。また将来別な件で交渉の機会があれば連絡したい」と開き直ることも必要である。ただし、併せて「再度、交渉の機会があれば、そちらからの連絡も待っています」と伝える。**相手に対する敬意と礼儀を失ってはならない。**

これを行うと相手からの信頼を失い、その場で交渉が決裂する場合もある。しかし、契約書にサインでもしていない限り、半分以上は「再交渉」に応じてくれる。特にこちらに提示された条件が不当な場合に、その可能性が高い。

次に、双方にとってメリットがあるのにもかかわらず、交渉がこじれそうになったときにはどう対処すればよいのか。それには、次の四つのメソッドが効果的である。

①時を変える

冷却ピリオドを取り、お互いが冷静になるまで待つ。またはコーヒー・ブレークなどを取る。

②場所を変える

交渉の場から離れた場所（喫茶店やパブなど）に相手を誘う。人間、気分がリフレッシュすれば思わぬ解決策が見つかる場合もある。

③交渉担当者を変える

相手側の交渉担当者と相性が良さそうな交渉担当者、または相手側の交渉担当者よりランクが上の上司を送り込む。

④自分を変える

交渉担当者は、つい自分の考えに固執してしまったり、相手から譲歩を引き出すために自己流に交渉を進めたりしがちである。事の進展がうまく運ばない原因は相手側にあるのではなく、自分にあるのではないかと疑問視する必要もある。トイレに行くなどして席を外し、自分の交渉プロセスを振り返ってみると発想が変わる場合もある。

第三章

異文化ビジネス交渉の向上法

異文化センシビリティ能力を培う

前章まで、ハーバード流交渉術の理論と、その進め方を見てきた。本章では、より異文化ビジネス交渉力を向上させるためのレッスンを紹介する。まずは、「異文化センシビリティ（感受性）能力」という観点から述べてみたい。

筆者がスウェーデンのストックホルム・スクール・オブ・エコノミクスを訪問したときのことである。そこの所長であるジャン・エリック・ヴァールン教授に「どういった人物がグローバル・コミュニケーターとしてふさわしいのか」とお尋ねした。すると答えは次の三点であった。

① 自分とは違う文化のバックグランドを持っている人の話に、耳を傾けることのできる人

② その相手から何か学ぼうとする姿勢のある人

③マナーに気を配れる人

要するに、**異文化に対しての感受性を備えた人**ということになる。言い換えれば、ほかの文化を相対的に評価できる人物ということである。

異文化ビジネス交渉をより有利に進めるためには、前章までの理論を踏まえ、交渉を行う上で必要なコミュニカビリティ（伝達性）は無論、コミュニカビリティをかたち作る「異文化センシビリティ」の能力開発をすることが重要なのである。

欧米の異文化交渉やコミュニケーションの研究者の間では、いまだに二元論に基づいた文化分類アプローチが中心である。しかし、それらの研究者の中で異色であったのが文化人類学者のエドワード・T・ホールであった。ホールは、各文化の人間の行動を触発する要因について研究をした。そして、それを次の四つに分類した最初の文化人類学者であると共に、異文化コミュニケーションのパイオニアでもある。

ホールは次の四つの異文化コミュニケーション変数を考案した。

①コミュニケーション＝文化（「コミュニケーションは文化」であり、「文化はコミュニケーション」であるという理論）
②相手との対人関係
③時間のコンセプト
④個人空間（縄張り）**距離**

これらの要素を基に、筆者は異文化感受性能力を培うために重要な事柄を踏まえ、「異文化センシビリティ・モデル」として体系化した。以下では、これらについて解説してみる。また、こうした能力をより実践に生かすためには、異文化の交渉者への理解や認識が不可欠である。次章にて詳しく述べるので、そちらも参照されたい。

1 異文化の相手を見抜く力をつける

まず、**異文化ビジネス交渉を行う際に必要なことは、相手を見抜くこと**である。異文化の交渉者を見抜きやすい順番に並べると、アメリカ人、オーストラリア人、ヨーロッパ人、日本人、中国人の順である。世界で一番分かりやすいのはアメリカ人のようだ。自分自身で何かを実現しようとする自己アピールが上手である。開けっぴろげで裏がない。すなわち率直である。（『タフ・ネゴシエーターの「人を見抜く技術」』〈山田修著、講談社〉参照）

発言と考えていることが異なる場合が少ないので見抜きやすいということである。エドウィン・O・ライシャワーも、アメリカ人は交渉の際にもストレートな意見を言ったり、自分勝手な振る舞いや言い分をしたりするものの、公平さを重んじ、率直であるという。

ヨーロッパ人は、少し分かりにくいとのステレオタイプを持たれている。例えば、ヨーロッパ人は伝統的な生活様式を重んじているため、保守的であるというイメージが強い。アメリカ人のように、あまり自分をさらけ出すことはしない。さらけ出したりすれば、「しつけが悪い」、または「慎ましやかでない」と思われるからである。彼らは、お互いの本音を推察しながら行動することが「品が良い」ことだと思っている。

もちろん、一口にヨーロッパ人と言っても国によって文化価値や行動パターンが異なる。ヨーロッパ諸国の中で、一番見抜きやすいのが島国のイギリス人である。イギリス人の生活様式は定型化されているので、何を望んでいて何を望んでいないのかが推察しやすい。

フランス人は、個人主義的なので、思考や行動がそれぞれに異なる傾向が強い。各個人の価値観も異なるので、一人ひとりを個別に見抜いていかなければならない。

オランダ人に対してはうまく対処しないと見抜きにくいようだ。歴史をひもとくと分かるように、オランダは一七世紀に隆盛を極めた経験がある。そのため今でも異文化ビジネスに長けている。また、人口密度が高く面積の狭いオランダには、働き盛りの人々を国外に送り出してビジネスを行わなければ、国益が守れないというお国事情もある。

オーストラリア人は、おおらかでのんびりしており、開放的な人が多い。しかし、イギリスの文化の影響が強く残っているので、アメリカ人とヨーロッパ人の中間と考えるとよい。ビジネス上の電話でも、単刀直入にビジネスの話をするアメリカ人とは違い、社交のあいさつから始める傾向があるので、のどかさが感じられる。

中国人はプライドが高く、面子を大変気にする。例えば、何か新しい仕事の問い合わせがあっても「それはできない」とは言わず、「時間がかかる」といったような答え方をする傾向が強い。一方で、愛想は大変良い。できそうもないことでも「没問題（モーメンタイ＝問題はない）」と繰り返し、こちら側を良い気分にさせようとする。これには騙そうという悪意はない。

四〇〇〇年の歴史の中で戦乱と闘争を経験しているだけに、基本的には他人を簡単には信じない。信じるのは、親子夫婦、血縁、同郷の人、学友など「知っている人」だけである。「本音を言わない民族」と言われるのもこのためである。

ビジネス交渉を行うときには、彼らはいつも会食から始めようとする。酒食を共にすることが、「他人でなくなるファースト・ステップ」で、大変重要な通過儀礼である。ただし、ファースト・ステップを踏み出したからといって、真の友人付き合いをしてくれるとは限らない。それには長い年月が必要である。会食を下手に断ったりすると、彼らにしてみれば「面子がなくなる」ことになるので、細心の注意が必要である。

2 インターネット・Eメールの問題点を知る

異文化ビジネスでも、予備交渉の手段としてインターネットやEメールは欠かせなくなっている。日本企業では、本社と現地のみならず、本社と外国の会社、それに現地と外国の会社間の予備交渉やコミュニケーションに一〇〇%近くインターネットを使用すると言われている。しかし、以下の問題が顕著に現れている。

①情報の漏れ、機密保持やセキュリティに不安がある
②人間の心理、双方の感情や微妙なニュアンスの伝達が不十分である
③資料が簡単にコピーされることなどによる情報の拡散と、その結果として発生する誤解など
④翻訳機に頼る日本の交渉担当者が多く、誤訳や、微妙なニュアンスがうまく伝わらないことがある
⑤「駆け引きを行う交渉」「感情を尊重すべき案件」では、電話による折衝やEメールでは不適切だというデータがある
⑥多くの国々ではいまだに直接的なコミュニケーションを重んじる傾向が強く、Eメールなどは、フェイス・トゥ・フェイスのコミュニケーションには勝ち得ない

3 ユーモアの文化差とディスチャージ効果を理解する

交渉の際のプロセスでは、感情がエスカレートし、互いの交渉・コミュニケーション能力が機能しなくなり、挙句の果てには交渉が決裂したり思わぬ方向に進んだりする場合が

ある。このような状況の打開に必要なのが、「ディスチャージ効果（ガス抜き理論）」である。「ディスチャージ効果」の方策には次の三つがある。

①時の経過を待つ

先のセクションでも触れたが、交渉の最中に感情がエスカレートした場合に「小休止」を入れることによって、相手の交渉担当者の攻撃エネルギーを抜いてしまう方法である。英語では「レッツ・テイク・ファイブ（Let's take five）」と休憩を提案する（この言葉を咄嗟《とっさ》に理解できない日本人も多いようである。「五分休憩」の意味であり、ジャズの名曲「Take Five」とは意味が異なる）。

②第三者を活用する

交渉中にミディエーター（調停者）などの第三者を入れることによって、双方の交渉担当者の感情の高まりを和らげる効果がある。

③「ユーモア」を活用する

特に交渉が暗礁に乗り上がり、周りの雰囲気が重苦しくなったときに使用することにより、周囲の雰囲気を一転させ、対立の解消を促す効果がある。

ユーモアの異文化比較を行ってみると次のような相違が浮き彫りにされる。以下の例は、あくまで文化全体を見る際に使用される紋切型のステレオタイプなので、個人差は考慮されていない。したがって、エスニック・ジョークとして使用する際には、相手側の交渉者や周囲の状況も配慮し、注意する必要がある。

一般に、英国人は風刺的な「皮肉」を使用するのが得意な半面、ユーモアを解する人が少ないといわれている。「本人が若いうちに、ユーモアを教えるとよい。そうすれば、高齢者になってユーモアを楽しめる人になっているから」という古い言い伝えがあるほどである。これに対し、アメリカ人はジョークが得意である。しかしアメリカ人ほど「これは真面目なビジネスの話なんですが……」「真剣なんです」といった言い回しをする国民も珍しいといわれている。一方でアイルランド人は、「"fighting" と "drinking" が得意だ」というジョークも存在するように、「ケンカっ早くお酒も強いという気質」とのステレオタイプがある。また、フランス人は愛と男女関係に関したジョークやエスプリ（警句）が得意といわれている。

では、日本人はどうか。国際会議や国際交渉などの席上で英語のユーモアやジョークが分からないために、テレくさそうに笑ったり、キョトンとしている場合が多いようだ。

ジョークに対する反応における国民性の違いを浮き彫りにしたものに、次のような冗談話がある。

①「イギリス人は最後までジョークを聞いてから笑う」（礼儀正しく、しかも頭が堅いから）

②「ドイツ人は、じっくり考えてから翌日に笑う」（多くの哲学者を生んだお国柄のため、一晩中理詰めで分析し、なぜ面白かったかを考えるから）

③「アメリカ人は笑わない」（すでに、あらゆるジョークを知り尽くしているから）

④「フランス人はジョークを半分聞いただけで笑う」（パンチライン〈オチ〉が分かってしまうからという説と、フランス人は不躾《ぶしつけ》だからという説がある）

⑤「日本人は、お付き合いに笑っているが、内容がさっぱり分かっていない」（英語力とユーモアのセンスに欠けるから）

4 ボディ・ランゲージ（身体言語）を活用する

コミュニケーション学者であるレイ・バードウィステルは、我々の日常の**対人コミュニケーションでは、話し言葉であるバーバル・ランゲージが二〇％で、ボディ・ランゲージがその四倍の八〇％の比重を占める**と述べている。

また、テレビのトーク・ショーの名司会者であるラリー・キングは、自著の中で「ボディ・ランゲージは、バーバル・ランゲージと同様に、会話やコミュニケーションの一部である。大切なのは、そのボディ・ランゲージがいかに自然に表現されているかである」と指摘している。不自然なボディ・ランゲージは、対人コミュニケーションや交渉の際には効果がないばかりか、滑稽《こっけい》に映ったり、ごまかしに受け取られたりするわけである。

同氏はアイ・コンタクトが会話を成功させるための鍵を握っているとも述べている。**アイ・コンタクトがうまくできると、時と場所、あるいは話し相手に関係なく話し上手になれる**というわけである。

アイ・コンタクトで大切なことは、「どこを見るのか」「どのくらい見るのか」「いつ見るのか」であるといえる。相手が話しているときと、相手に質問するときには相手の目を見ること。そして、自分が話しているときには、視線がぼんやりと宙に向かないように注意しながら、時には相手から目を数秒そらすことも必要である。自分が見つめられ続けると、戸惑いを覚え、落ち着かなくなるものである。人間は動物である。動物にとって長時間相手を見つめることは攻撃の合図となる。双眼鏡を使用して、動物園のゴリラを観察するのが危険であるといわれるのは、このためである。

商談のようなフォーマルな出会いの場合では、**読者と相手が男性同士ならば、アイ・コンタクトの長さはコミュニケーション全体の六〇%から七〇%**が望ましい。また、**女性同士の場合はこれより若干長いほうがよい**傾向がある。どちらの場合も、それより短いと落ち着きに欠け、不安を感じているか、自信に欠ける人物と見られてしまう。反対に長すぎる場合には、攻撃的な人物という印象を与えてしまう。

読者が男性で相手が女性の場合には、アイ・コンタクトは、五〇%程度にとどめたほうがよい。また**読者が女性で相手が男性の場合には、相手に対して自分の意見を通したいのであれば、アイ・コンタクトは七〇%**は必要となる。逆に、**順応さや素直さをアピールしたいのならば、五〇%**まで減らすことである。

どのケースでも注意すべき点は、**アイ・コンタクトが増え過ぎると、頑固で、威圧的で、自信家であるというメッセージを与えてしまい、うんざりさせてしまう場合もある**ということである。

以上の例は、欧米人同士の交渉や対人コミュニケーションの際に当てはまる「暗黙のルール」である。ただ、世界には無数の文化が存在し、アイ・コンタクトの長さも多様である。例えば、アフリカやアジア、インドでは、長い間相手を見つめていると、無礼、放漫、威圧的、時には侮辱と受け取られる傾向が強いので注意が必要である。一方で、中近東や南アメリカでは、あまり顔を見ないでいると、無関心、無作法な人間だという印象を与えてしまう。相手をあまり見ていない人を、不誠実、不正直、恥ずかしがり屋と見なす文化圏もある。

5 対人距離(空間の縄張り理論)を知る

ビジネスの商談でも、国際交渉でも、人間関係で大切なのは、目では観察できない「縄張り空間」の広さである。国と国との紛争問題も、縄張り空間である「領土」と「国境線」

に大いに関係がある。前述のエドワード・T・ホールは「人と話すとき、実際の対人距離（空間）が、その人間関係の遠近を示すパワフルなメッセージとなる」と強調している。

標準的な対人距離は五種類あるので紹介したい。

①メッセージをささやきながら話せる距離は約〇～一〇センチ（intimate distance）

②恋人や親友などとの立ち話の距離は約四五センチ（very personal distance）

③平均的な会話の距離は約五〇～一二〇センチ（personal distance）

④社会的地位の違う部外者との公式な場所でのビジネス上の会話は、約一二〇～二四〇センチ（social distance）

⑤聴衆を前にして話す場合には、約三〇〇センチから三五〇センチ以上（public distance）

ただし、対人距離は文化によって異なる。例えば、アメリカ人は日本人より平均的な会話の距離は短い。中近東やラテン・アメリカなどではさらに短く、鼻と鼻が触れ合うくらいの距離で話すのが普通である。

交渉を行う際は、相手とのテーブルを挟んだ六〇センチの対人距離が、相手の領域（縄張り空間）を侵害したり、気分を害したりしない距離であるという。オレゴン州立大学のコミュニケーション心理学のグループが行った、対人距離を三〇センチ、六〇センチ、九〇センチ、一二〇センチと変えながら、同一人物の印象を評価させるという実験によると、相手側が一番好ましい印象を受けた距離が六〇センチであった。つまり、人が六〇センチまでアプローチしたときに、その人は友好的であると共に、積極的で外交的な印象を与えていたというのである。

これに加え、**交渉の際は、混んだ場所や狭い場所、天井が低い場所などは避けるべき**である。このような些細なことでも、相手に圧迫感は無論、混雑感も与えるため、せっかくうまく運ぶ交渉が台無しになってしまう場合もある。国際交渉の会場に、静かで自然に恵まれた空間を備えた会議場が選ばれるのはこういったためである。

6 ビジネス・マナーとエチケットを知る

海外での上手な商談、ビジネス関係や人間関係の確立は、日本と異文化とのカルチャーギャップの認識から始まるといっても過言ではない。次に挙げるビジネス・マナーやエチケットは、グローバル・コミュニケーションの交渉、折衝などの際の基本的な姿勢ともいえる。

①相手に対する思いやりを持ち、他人に迷惑をかけない
②お互いに対等な人間であると認識し、へり下りもせず、相手を見下しもしない
③自分たちも世界の一員であるという責任感を持つ
④常にフェアーなのかを考える努力をする
⑤約束を守る
⑥自分の国の歴史や文化、世界における立場についての十分な知識を持ち、相手の文化、立場についても深い理解を持つよう心がける
⑦自分自身と他人に対して「オープン」である

日本を訪れる外国のビジネス関係者などから、「日本人は顔合わせの宴会やパーティの席でも対話に重点を置かず、ただ黙々と食べている人が多く、たまにする質問も紋切り型のものが多い」という不満を耳にする。その理由は、そもそも日本における会食、宴会やパーティは、すでに知り合っている仲間が、その連帯感を強める目的で開催されることが多いからである。しかも一種の平等主義的発想が根底にあるため、大抵は「酒の上」でのことは大目に見てもらえる「内輪型」である。しかし異文化においては、宴会やパーティは知らない人同士が新しい人間関係を築く場所であるという「拡散型」の対人コミュニケーション・パターンが存在するのである。

7「ディベート」の基本ルールを身につける

多くの人たちに「交渉」と似たような意味で捉えられている言葉に「ディベート」があるが、この二つは似て非なるものである。ディベートは、賛成・反対に分けることのできる論題（例えば「死刑には賛成か反対か」）を巡り、肯定・否定側に分かれ、立論、反論尋問、反駁《はんばく》の順序で討論し、客観的な裏付けの強弱や論理性と言葉による説得力の優劣などで勝敗を決める「ゲーム」である。肯定・否定側は抽選などで決める。また、勝敗は第三者であるジャッジに委ねられ、限られた時間に決着する。

ただし、**英語による交渉の際には、ディベートにおける論理と問題分析も必要**である。理由は簡単である。欧米の交渉者の大多数がディベート・スタイルに従って交渉に当たるからである。

ジョン・F・ケネディ元大統領の言葉に次のようなものがある。「有能なディベーターは、自己の意見を擁護する題材を検討するのみならず、相手側の立論を分析することを心掛けている。ディベートを行い、それによってお互いの考えをテストすることがデモクラシーの神髄である」。

欧米では、「交渉」のゴールが両者の利益に迫ることであっても、相手のオプション（選択肢）の強さと弱さ、当方の強さと弱さの分析を怠らない。ディベートではこの分析が鍵を握るからである。特に紛争解決を含む国際政治交渉の現場でも、パーセプションや相互理解の調節は、ディベート抜きでは語られない。**世界の大半の国が、ディベートに基づく論争で交渉に臨んでくる**のであるから、彼らから学ぶべきことは学び、捨てるべきことは捨て、交渉力を培うことが必要な時代である。また、譲れぬ点は譲れぬとはっきり伝えることも必要だ。

8「国際化」「グローバル化」「グローバル・スタンダード」を理解する

異文化との商談や交渉において、「国際化」と「グローバル化」の相違に疎い人や、「グローバル・スタンダード」を正しく理解していない人が多い。これでは時代の先が読めない。国際化にしろ、グローバル化にしろ、グローバル・スタンダードにしろ、それらの言葉のみが先行し、多面的な実像の全貌《ぜんぼう》が理解されないままである。

以下ではまずグローバル・スタンダードについて若干筆者の見解も述べ、その後、国際化とグローバル化との相違について表を通して示してみたい。これら三つの相違については、意外と国際派と称されている人に限って区別できない場合が多い。

まず、一般に最も誤解されている用語の一つである「グローバル・スタンダード」とは何であるかについてである。

そもそもグローバル・スタンダードとは、経済のグローバル化が急速に進展した一九九〇年代に脚光を浴びた言葉である。これは、もともと「国際基準」から派生した用語で、世界で通用する基準を意味するが、正式な定義がない。

例えば、国際基準のグローバル・スタンダードにも二種類があることが忘れられている。一つがマイクロソフト社のＯＳであるウインドウズのように、正式な取り決めはないが市場占有率が高く、事実上の標準となってしまった**「自然発生型（デ・ファクト・スタンダード）」**であり、もう一つは、国際的な取り決めによって定められた**「同意規定型（デ・ジュール・スタンダード）」**である。このマジック・ワードである「グローバル・スタンダード」は、国際基準のコンセプトを「技術」や「会計」にとどまらず、「企業統治」の「手法」や「経済システム」にまで拡大して使用されることが多い。

米国通商代表部（ＵＳＴＲ）日本部長であったグレン・フクシマ氏は「日本で使われているグローバル・スタンダードという言葉は、日本人だけが使っているコンセプトで、アメリカ人には自分たちの経営手法を丸ごと日本に押しつけるつもりなどないのに、経済改革を望む一部の日本人があたかもそうであるかのごとく、『外圧』として売り込む一方で、それに反発する人々が事情や実像が理解できないまま、当たり前のことを言ってアメリカに反駁している」と述べている。（The Japan Times 2/09/'01 参照）

日本はペリー来航以来、「外圧」をバネにアメリカや列強に負けじとしてきたせいか、自社の基準をグローバル・スタンダードにしようと努力する企業などが出現しているようだ。

言い換えれば、バブル経済崩壊後の日本では、「第三の開国」あるいは「失われた一〇年」といわれる言葉が聞かれたが、これに伴って「グローバル・スタンダード」という名前の嵐が吹き荒れ始めたのである。

特に一九九七年から九八年にかけて、日本流のやり方の見直し、グローバル・スタンダードへの収斂《しゅうれん》を説く議論が流行した。その背景には、企業経営の手法などにおける日本型モデルへの信頼の失墜があった。深刻な金融システム不安に直面し、「日本売り」も進んでいた。この期間、米経済は日本経済を尻目に見事ニュー・エコノミーを謳歌し、カムバックを成し遂げた。このため、当時は株主を最大限に重視する米国流のビジネス統治手法や、市場原理をフルに活用した米国型経済システムへの収斂を**「アメリカナイゼーション」＝「グローバリゼーション」と見なすようになった**のである。

別の見方として、グローバル・スタンダードは、あるときは、「金融のビッグバン」、企業の「リストラ」、加えて「ＩＴ革命」となって、これまで自信に満ちた経済大国と称された日本の姿を根底から変えようとしているといわれた。その嵐は、「日産」や「マツダ」といった自動車業界をも襲ったことは、我々の記憶に新しい。

こうした現象はお隣の韓国でも強く見られる。韓国では一九九七年の経済危機を教訓に大胆な経済変革が行われ、アメリカ流の基準が浸透し、劇的なパラダイム・シフトが起きた。金融システムが破綻し、国際通貨基金（ＩＭＦ）の管理下に置かれた韓国が行った構造改革における最重要目標とは、「透明性の確立」であった。アメリカに近い企業会計基準の導入や、連結決算よりも厳格な連結財務諸表作成の義務付けなど、数年あまりの間に多岐にわたる変革を行ったのである。

当時アメリカ資本が韓国に直接投資をしたのに対し、日本資本は好機に背を向けた。日本資金はアメリカに流れ、アメリカのファンドなどが韓国への投資主体になったのである。したがって、韓国における日本の影響力が弱まり、アメリカとのパワーバランスがとれなくなった。韓国で進むアメリカ化は日本の存在感の弱さや、ヒューマン・ネットワークの求心力の乏しさの反映でもあると見られている。変化するアジアと変化しない日本とのギャップは広がるばかりである。

このアメリカ中心のグローバル・スタンダードを越えようという動きが、特にヨーロッパでは強くなり、「グローバル・スタンダードはアメリカナイゼーションと同じではない」と主張されている。その自負を支えているのは、ＥＵが周辺地域も巻き込んだ経済圏である「エコノミック・ゾーン」の求心力を持ち、人的ネットワークも広げている事実である。

メディア	一国家完結型 ローカルメディア	CNN現象 グローバル英語メディア
ビジネス言語	英語の重要性が指摘される	英語による支配・独占
国際基準	ISO国際標準化機構	世界標準、アメリカ標準、デ・ファクト・スタンダード、国際会計基準、国際決済銀行(BIS)、ペイオフ
情報通信	ワープロからコンピューターへ	コンピューターの普及、携帯電話の普及、マイクロソフトの独占
人の移動	自由主義体制内での移動 社会主義体制内での移動	グローバルに移動
人の種類	観光客、移民、難民、政治亡命者	観光客、移民、難民、密入国者、不法滞在者
犯罪シンジゲート	一国家完結型、体制内の組織 ファックス型テロ組織集団	多国間協力者、グローバル化 IT型テロ組織集団 サイバーテロ(ウイルス)
教育	遠隔地教育	インターアクティブ教育
学問交流	学際的アプローチ	超学際的アプローチ
各分野の交流	コーポレーション	コラボレーション
文化交流	姉妹都市型モデル	民間外交モデル
文化間交流	異文化間モデル	多文化間モデル

(竹田いさみ氏の資料などを参考にして筆者が作成)

国際化とグローバル化の対照

	国際化	グローバル化
時代	1980年代	1990年代～21世紀初頭
伝達のスピード	ファックス（時差の格差配慮）	Eメール（リアルタイム）
国家意識	国境・国家の意識大	国境・国家の意識小
国際政治	冷戦	熱戦（テロ集団増加）
国際政治思想	自由主義 対 共産主義	人権、民主化、環境、ガバナンス
国際経済	資本主義 対 統制経済	市場経済のグローバル化
通貨	多様な決済通貨（ドル、円、ポンド、マルク、フラン、ルーブル）	決済通貨の減少（ドル、ユーロ、円、人民元）
マネー	カジノ資本主義 スーザン・ストレンジ（英国の経済学者）	マッド・マネー
製造業	日本、韓国、東アジア	中国が「世界の工場」へ
成長センター	日本、アジアNIES 「東アジアの奇跡」	アメリカ(IT革命)、中国 「アジア経済危機」
経済モデル	日本型経営モデル	アメリカン・スタンダード
経済政策調整	日米欧の三極	アメリカ一極
地域協力	リージョナリズム	グローバリズム ナショナリズム台頭

次に、国際化とグローバル化の違いである。主に、国際化は一九八〇年代に、グローバル化は一九九〇年代から二一世紀初頭に特色が鮮明になってきた。各時代を代表するキーワードを国際化とグローバル化に分類してみると前頁のような違いが浮き彫りにされる。

9 異文化センシビリティの対立点を知る

最後に、異文化交渉の障害となる点について触れてみたい。異文化とのビジネス交渉や、国際交渉などの場において、**双方の文化の価値観やアサンプション（思い込み）が異なる場合、交渉は予期せぬ方向に進む**と同時に、予期せぬ影響を被る。また、異文化交渉（国際交渉も同様であるが）の中でも難しいのは、政府を始め、民間、外資系企業・国内の民間組織（会社）を巻き込んでの交渉である。

経済学研究者のロバート・トリフィンと砂村賢《さとし》の研究によれば、国際交渉における担当者の関係は、左図のように図式化できる。

砂村賢は、「DとEとFは、通常のビジネス・ルールに基づくゲームであり、一般の商談スタイルで進められる。ただし、BとCの場合には、商慣習、語学力、異文化理解の面で

国際交渉における担当者の関係

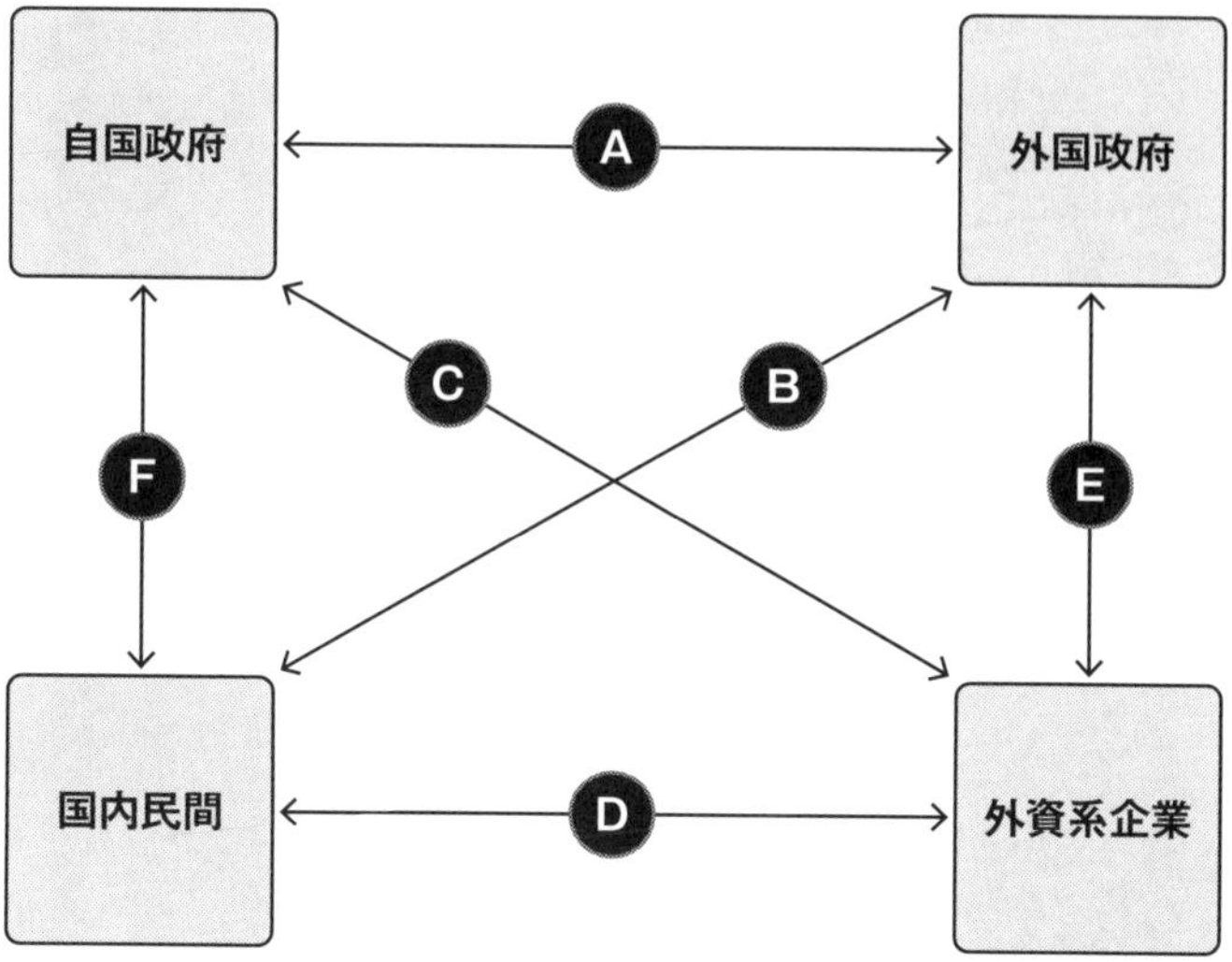

いずれかに多少の負担の違いがあっても、交渉理論的には同じ土俵のゲームと考えられるが、民間にとっては現実には、厳しい条件の押し付けがありうる。したがって、トリフィンも指摘するように、民間側は弱い立場にあり、「不利なかたちでの交渉展開になりやすい」という。

例えば、AとBの場合の格好な事例は一九九〇年度前半から半ばまで続いた「日米自動車交渉」と言えよう。当時の日米間で繰広げられた自動車交渉のプロセスは、「ゼロ・サム交渉」の対立パターンである。

優れた交渉者に学ぶ

――交渉によって逆境を乗り越えた人物たち――

ここからは、交渉力向上のためのそのほかのアプローチを紹介する。自らの交渉力を上げるためには、優れた交渉者の手法やその問題解決策などを学ぶことも有効である。筆者は優れた交渉者の条件を次のように考える。

①交渉は自分だけでなく相手の考えも動かすことであると知っている
②双方に利害となる条件を見つけられる
③相手に対して優位な条件を見つけられる
④誰と交渉するかで、やり方を決めることができる。例としては、組織（会社）の内である「対内交渉」と、外である「対外交渉」に分けることができる
⑤集団の交渉には強いリーダーシップを発揮できる

⑥交渉の落とし穴を知っている。例としては、集団の代表として交渉するときと、他人との間に入って交渉するときの違いなどを知っている

優れた交渉者の存在が、組織や国家を窮地から救う場合もある。その実例として、日産を救ったカルロス・ゴーン氏の交渉術、そして「敗戦」という国家にとって最大のディスアドバンテージを逆手にとって交渉を成功させた先人たちを紹介しよう。

■ゴーン流交渉術と戦略思考

欧米のビジネス交渉担当者は、結果重視の「戦略型ネゴシエーター」である。**「組織は戦略に従う」**という名句を残したのが、戦略研究において世界的に有名なアルフレッド・チャンドラーである。チャンドラーは、経営者には「戦略思考」が求められると説いた。交渉者とて同様である。**戦略には、目的であり、達成度を示す「コミットメント」が求められる。**

日産を復活させたのはブラジル生まれでフランス、アメリカで育ったカルロス・ゴーン代表取締役社長兼CEO（現代表取締役会長）である。そのゴーン氏の好きな言葉が**「コミットメント」**である。

経済ジャーナリストの長谷川洋三氏は当時、「ゴーンとともにやってきた日産のグローバル化は、職場に頻繁に飛び交う英語とともに、自分の主張で相手を説得する表現力や交渉力など、これまでの日本企業では要求されなかったような能力を要求している。新しい企業文化革命の始まりだ」と述べている。同氏によれば、ゴーン氏は決まって「このプロジェクトを達成できると思うのですね。それならあなたはこのプロジェクトを必ず実現することにコミットメントして下さい」と持ち出すという。

ゴーン氏は、自分が頻繁に使うキーワードを社員が十分理解するように翻訳書を作るよう指示したという。この語録において、「commit は目標の達成を責任を負って約束すること。commitment は達成すべき目標。達成すべき目標は数値で明示され、一度コミットしたら、予期せぬ状況変化がない限り、達成しなければならない。未達成の場合は、具体的な形で責任をとる」とあるという。

コミットメントと同時に使われるのが**「達成すべき目標（objective）」**であり、個別の**「アクション・プラン」**を実現して初めて目標の達成が可能であるという。

語録にはさらに、キーワードである**「ターゲット」**が続くという。「ターゲット」は「コミットメント」より、さらに高い目標値のことである。そして**「メーク・シュアー」**が最後に使われている。「高いゴール」が達成されたか確認せよという意味である。

語録の中でほかに興味深いのが、**「計画の分類」**である。そこで強調されているのが**「戦略」**であり、会社のヴィジョンを実現するため取るべき「行動指針」である。言い換えれば「シナリオ」である。

また**「ベンチマーク」**（ある分野において目標となる指標）も使用されている。同じ分野におけるほかの自動車メーカーとの技術、方法、結果を比べながら業務改善を進める「経営方針」である。日産がこれまで、あいまいであった企業活動に、明確な目標や指標を与えることによって、「構造改革」を行うという「戦略」が核となっている。（『ゴーンさんの下で働きたいですか』〈長谷川洋三著、日本経済新聞社〉参照）

■「負け戦」を巧みに利用した偉人たち

戦争に敗れながら、その後の講和会議（和平交渉）で、有利に交渉を進め、実質的な勝利を収めた交渉者は多いようだ。例えば、ナポレオン時代から活躍し、ウィーン会議を揶揄《やゆ》した「会議は踊るされど進まず」の名句で有名になった、当時は弱小国であったフランスの外相タレーランである。タレーランは、諸小国の不満を背景として、正当主義と勢力の均衡である「バランス・オブ・パワー」の原則を主張した。しかも彼は、敗戦国であったフランスの世界に向けての国際的地位をも確保したのである。

同様のことが、日露戦争後の「ポーツマス講和会議」で当時の日本外相小村寿太郎と対決したロシアのウィッテ（英語ではヴィッテと発音する）などにも当てはまる。ロシア全権であったウィッテの場合には、戦勝国であるはずの日本側にそれ以上戦争を継続する余裕がなかったことが、交渉を有利に進めることの決定的要因となった。「再戦すれば、必勝可能」という自信が、ウィッテに日本からの賠償金支払い要求さえ拒否させたのである。

苦境に立たされたのは、日本外交の旗手であった日本全権の小村であった。小村に残された道は「領土」と「賠償金」の全面放棄か、「交渉決裂」しかなかった。結果的に樺太は南北割譲されたが、これに日本の国民は不満をあらわにし、小村の暗殺計画を企てる者もいたという。

だが、「ポーツマス講和条約」（和平交渉）は、外交交渉の視点からいえば、当時ロシアを攻める余力のなかった日本にとっては「ウィン・ウィン型交渉」であった。小村は、ウィッテに勝るとも劣らぬ「粘りの交渉者」であったことが、時として忘れられている。

また、戦後の吉田茂も交渉史に名を残す卓越した交渉者である。吉田茂は決して英語の達人ではなく、かえってその逆であった（アメリカ側は彼の話す英語に苦慮したのであった）。しかし、持ち前の筋金入りの「交渉力」を用いて、急ぐアメリカを相手取り、日本の再軍備を拒み続けながら締結に漕ぎ着けたのが、「サンフランシスコ平和条約」と「日米安全保障条約」である。戦後の日本の民主化はサンフランシスコから始まったといえる。

二兎を手中にする「ドンファン型交渉者」

欧米のしたたかな交渉者は、小さい頃から自己を相手にいかにアピールするかの**「ショウ・アンド・テル（Show and tell）」**の訓練を受けている人が多い。政府の要人から企業家、そのほかのビジネス関係者に至るまで、交渉の席に臨む以前から自分がいかに相手を説得し、快活に振る舞い、相手を飲み込むことができるかを考えている。

中には、プレッシャーの状況下に自分が置かれていてもできるかぎり多くの譲歩を引き出すことに長け、時として相手を手玉に取ることができる、**「ドンファン型」**といわれる交渉者が存在する。「二頭の兎」を追い、手中に収めることができるのである。

ドンファン型交渉者を知る上では、国民文化および組織文化研究の第一人者である、ヘールト・ホフステッドの「文化次元モデル」が参考になる。筆者は二〇〇一年フランスのパリ郊外で開かれた学会で氏と話す機会があったが、話の中心はこのモデルに関してだった。まずはこれを参照していただきたい。

■ホフステッドの文化次元モデル

①権力の配分

各文化でどのような権力差が存在するのか。また、組織は主にトップ・ダウンの「縦型」で運営されているのか。それとも「水平型」なのか。

②不確定要素に対しての許容度

不確定要素や一般のスタンダードに乏しい状況やプロセス、または合意がどの程度自然に受け入れられているのか。

③「個人主義文化」対「集団主義文化」

個人主義を重んじる文化なのか、それとも集団主義を重んじる文化なのか。

④協調型か主張型か

互いの協調性を重んじる文化なのか、それともお互いの主張を重視する文化なのか。

このモデルを念頭に置き、以下ではドンファン型交渉者が得意とする交渉の戦術に触れてみることにする。

■ペリーの「脅しの戦術」と「ブラッフ」

ドンファン型交渉者の代表は何といっても黒船の指揮官ペリー提督である。ペリーは縦形の権力で指揮し、交渉に臨み、不確定要素は受け入れない個人主義的な指揮官であり、主張型の交渉者であった。ペリーが琉球と浦賀で使用した交渉戦略が**「脅し」**である。

一八五三年七月九日、浦賀の奉行の香山栄左衛門《かやまえいざえもん》が部下を率いて二隻の船に分乗して来船し、ペリーに面会を求めた。しかし、ペリーは香山を乗船させたが（ペリーは艦隊に乗船できるのは位の高い高官のみに限定した）、自分自身では会わずに三名の副官に対応させた。奉行は「米国大統領の親書は浦賀では受納することは不可能であり、たとえ受納しても長崎において受け渡される」ということを繰り返し、長崎回航を求めたが、ペリー艦隊側は「しかるべき役職者が船に派遣されない場合には、武力を使用してでも上陸をして、親しく奏《そう》呈《てい》する場合もありうる」と重ねて示唆した。これを受けて奉行は江戸に指示を仰ぐため四日間の猶予を要求したが、ペリーは「三日のみ」を与えた。そして、「正式の返答を得るまでは、これ以上の討論は無用である」と伝えたのである。

ビジネス交渉の場合でも、「おたくの会社が、来週までに品物を用意しない場合には、別の会社に取り引き先を切り替える」、「値引きをしなければ、他社に行きますよ」などは時には効果的であるが、相手にも別の取引先がある場合もあり、相互の信頼関係にも傷が付き、自分にとって結果がマイナスになることもある。このため、**脅しは最後の手段にとっ**

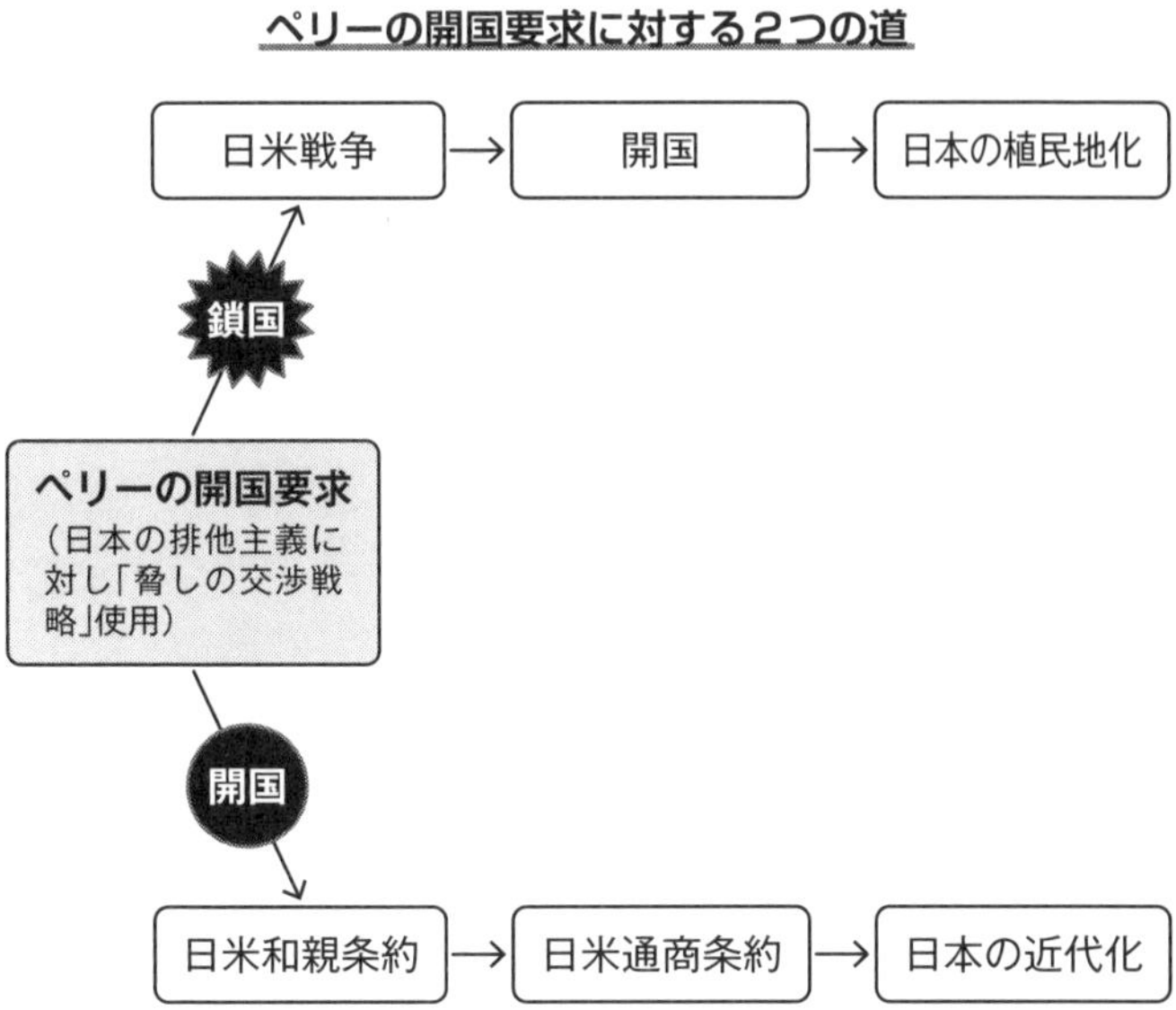

ておくのが得策である。

また、脅しの一種に**「ブラッフ（Bluff）」**がある。これは日本語でいう「ハッタリ」のことである。元国際基督教大学教授の藤田忠によれば、ブラッフは嘘ではない。相手がそう思い込むのである。相手に錯覚させる高等技術でもあるのだ。

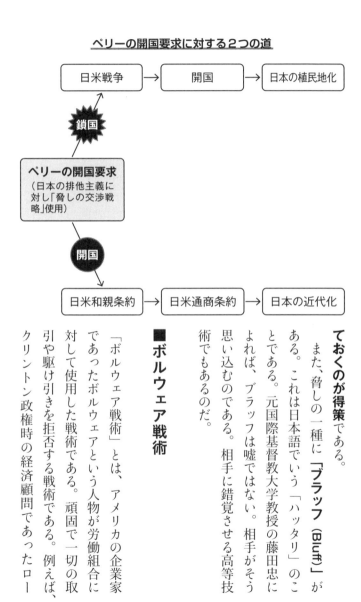

■ボルウェア戦術

「ボルウェア戦術」とは、アメリカの企業家であったボルウェアという人物が労働組合に対して使用した戦術である。頑固で一切の取引や駆け引きを拒否する戦術である。例えば、クリントン政権時の経済顧問であったローラ・タイソン教授は、「ミセス・ノー」で有名な女性であった。日本側が一〇億円なら援助できるといえば、まず答えが「ノー」で、「三〇億ドル以上でないと、イエスとは言いません」というタイプである。では、このボルウェア戦術を打ち破るには、どうすればよいのか。

まず、よく使われるのが**「逆手交渉テクニック」**である。上記の例でいえば、「アメリカ側の条件は全て飲みましょう」と素直に相手の要求を受け入れてしまう。次にしばらく時間の経過するのを待って、「為替ルートが変動したので、再度考えてみましょう」などと、さりげなく交渉のやり直しを提案する方法である。タイソン教授に「先週は、東南アジアで通貨危機が起きるとは思いませんでした。再度、交渉させていただきたいのですが……」などと言えば、ボルウェア戦術を打ち破ることができたのではないだろうか。

なお、すでに合意に達した交渉に対して、さまざまな理屈をつけて、再交渉の続行を求めるやり方を**「ニブリング（蒸し返し）戦術」**という。一般にボルウェア戦術をとる交渉者は、確固とした理由があるわけでなく、一時的な感情で意固地になったりする場合が多いといわれている。したがって、まずは**「負けて勝つ」**ことを念頭に置くべきなのである。

■瀬戸際戦術

「瀬戸際（ブリンクマンシップ）戦術」とは、「死なば諸共」という瀬戸際対応策のことであり、自他双方を悲惨な立場に立たせ、相手側に後退を余儀なくさせようとする戦術である。

例として、新会社の社名に関しての瀬戸際交渉のケースを紹介したい。時は一九九八年、ドイツのダイムラー・ベンツ社のユルゲン・シュレンプ会長と、米国クライスラー社のボブ・イートン会長との間で行われた、ジョイント新合併会社名に関する交渉である。

二人にとって会社名は、ハーバード流交渉術の説く「最大の関心事」であり、かつ「ボトム・ライン」でもあった。イートン会長は、当初より新会社名が「クライスラー・ベンツ社」になるものだと思い込んでいた。一方、シュレンプ会長にとって、新会社名はあくまで「ダイムラー・クライスラー社」であった。この行き違いは正されることのないまま、両社は合併会社を承認してしまう。

そして両社の役員が集まり、取締役会が開催され、今まさにジョイント声明の動議が出る寸前という段階になって、イートン会長の下にシュレンプ会長から、「社名は『ダイムラー・クライスラー社』でないと認めない。『ベンツ』の名前をカットするという譲歩をしているのだから、『ダイムラー』を頭にする」と電話が入った。イートン会長は「それでは話が違う」と反論したが、シュレンプ会長は「それならジョイント合併の話は全てなかったことにする」と迫った。

会場のホテルに全取締役員を招集し、今世紀最大の承認動議を出すことになっていたクライスラー社の役員は、シュレンプ会長の瀬戸際提案を受け入れるしか方法はなく、新合併会社名は「ダイムラー・クライスラー社」に決定されたのである。クライスラー社のイートン会長が思い込むことなく、ＢＡＴＮＡ（別の社名）を前もって用意していたならば、状況は変わっていたかもしれない。

（Bill Vlasic/B.A.Stertz, Taken for a Ride,Harper Collins,2000 参照）

■守りの戦術

前述のグレン・フクシマ氏は、自分の経験から「日本人が交渉下手であるという印象はない」と述べたことがある。政府間協議レベルで、日本側が使用する戦術に「守りの戦術」

があるからだという。

例えば、通商交渉においても、アメリカが日本に市場開放を要求するというパターンで行われてきた。日本側は、常に「守り」の立場にあったのである。この「守りの交渉」が日本は実にうまく、相手の要求である結果志向をかわし、最終的に手続きの改善点を示すだけで交渉を決着させているという。

■良い警官・悪い警官戦術

「良い警官・悪い警官戦術」は、身内を悪者に仕立て上げるという戦術である。例えば、セールスマンが客とマンションの価格について交渉をしている際、「私はお客様の要求金額でもよいのですが、会社側の意向も聞かなければならないので……」というように、意図的に会社側を「悪者」に仕立てて、自分は交渉相手にとって物分かりがよく話の分かる人物として振る舞い、相手の妥協を引き出しやすくするのである。

■アイスボール戦術

交渉の際、相手の脅しに恐れを感じてしまえば、こちらの取り分はないも同然である。脅しに対しては「アイスボール戦術」を使用するとよい。

この戦術は、今から何万年か後には太陽が冷えて、地球は氷の玉になるという理論に由来する。それだけ大きな視点から見れば、今行っている交渉などスケールが小さ過ぎる。脅されてもジタバタしたりおどおどしたりすることはない、と考えるのである。

しかし、それでは交渉の利益も無意味だと考えてしまいがちである。そこで使用されるのが「三〇年の理論」である。これは、たとえこの仕事を長く続けても、たった三〇年しかない。貰えるものは今すぐにでも貰わなければ、と考えるのである。

■評判確立戦術

これは、こつこつ実績を積み上げることによって、文字通り「評判」を確立し、交渉を有利に進めようとする戦術である。これまでの交渉において、相手側を裏切ったことがないという評判を築けば、相手の信頼を勝ち取ることができ、交渉はスムーズに進む。

■批准戦術

合意事項を最終の結論とする前に、自社に持ち帰って会社（取締役会）の決議を経るなどの公式な批准手続きを入れることにより、相手のペースに乗せられて、焦って契約してしまう危険性を食い止める戦術である。正式な合意と契約をする前に、ワン・クッション置いて冷静に交渉内容を再検討するのに有効である。

■ミディエーター戦術

双方で交渉がまとまらない際には、ミディエーター（調停者）を立てるのも一つの戦術である。交渉では、お互いの総合利益を最大化させるために、相互の情報開示が必要であるが、ＢＡＴＮＡの露呈につながる恐れがあるので、慎重に取り組まなければならない。

そこで、このような状況に直面した際（するかも知れないと察した際）に、ミディエーターに中立案を作成してもらうことも良い方策である。ジミー・カーター元米大統領は、ミディエーターとして、エジプトとイスラエルとの紛争の終結のために中立案を作成し、「中東和平」を実現化させた。これに関しては第五章で詳しく述べる。

異文化ビジネス交渉の一二の鉄則

ここまで見てきたことからも分かるように、異文化とのビジネス交渉は一筋縄ではいかないものである。**交渉が成立することがまれだという前提で、相手の情報の収集から始め、それに基づいて交渉戦略を立てたほうがよい**ともいえる。その上で、できる限りスムーズに交渉を進めようとするべきなのである。ここではそのための一二の鉄則を紹介する。

①相手との波長を合わせる

②交渉は「根回し」「かき回し」「後回し」だけが全てではないと弁《わきま》える

③主張すべきことは堂々と主張する
④感情的にならず、「C&C（cool and calm〈冷静に、落ち着いて〉）」の原則で対処する
⑤事実と数字を根拠に客観的に攻める
⑥事前の練習、心の中でのリハーサルを行う
⑦「ウィン・ウィン」の関係を念頭に置く

交渉はディベートのように「勝ち負け」の関係ではなく、相手の立場と要求がより創造的な形で統合される「双方が勝利者（ウィン・ウィン）」の関係を築くものであるということを念頭に置く。

⑧英語（ほかの言語も同様であるが）の直訳には注意を払う
⑨スピード感を持って進行する

欧米での交渉はストレート・ラインで進むので、後戻りしないステップを踏むこと。まず、前置きは短く交渉に入る。交渉の核に入る前に、もっと内容の背景に関する話し合いや、情報交換をしたい場合には、そのことを相手側にあらかじめ伝えておくべきである。次に、ファースト・オファーは早い段階で提案すること。前置きや背景理由ばかりが長いと、欧米人は苛立ったり、交渉相手を過小評価したりする傾向がある。

また、説得型の言葉によるスピード感覚のあるコミュニケーションで臨むことや、譲歩の提案のタイミングが早くなることも考慮すること、発表・発言の役割分担を決めておく（代表は誰かなどを決め、あらかじめ相手に伝えておく）ことも重要である。

⑩相手側の交渉スタイルに敏感であれ

問題解決型のブレーン・ストーミング方式が多いので驚かないこと。抵抗がある場合は、別の問題解決型交渉を提案すべきである。例えば、ブレーン・ストーミングには慣れていないと相手側に説明をし、相互のグループから数名を選び、インフォーマルなミニ交渉セッションを行うなどの対抗提案（オルタナティブ）をすべきである。

⑪相手のフォーマルの度合いを知る

相手側はフォーマルな関係を望んでいるのかどうか、交渉前後の食事や服装もフォーマルなのかインフォーマルなのかなど、事前に情報をつかんでおく。

⑫ビジネス慣習として、ギフトなどの贈り物の習慣があるのかどうか、あるとすればその文化において何が適切であり、何が禁物なのかを前もって調べておく

第四章
交渉は雄弁に文化を語る

ビジネス交渉の鉄則は国によって異なる

特に異文化間のビジネス交渉において、何を鉄則（核）として考えるかは国（また国の地域差もあるが）によって異なると指摘したのが、南カリフォルニア大学のJ・L・グラハムである。同氏やその他の研究者の報告によると、どの国のビジネス交渉も一般的には次の四つの段階を踏んで行われるという。

①雑談による探り合い（相手の影響力も含む）（ノンタスク・サウンディング）
②仕事に関する情報交換
③説得工作
④譲歩と合意

第一段階は、相手側との親密な関係を築き上げるための行動（コミュニケーション活動）全てを含む。ここでは、会談の本来の目的である仕事の話は持ち出されない。しかし、相手側の影響力も知ることができる。

第二段階は、ビジネスに関する情報交換である。双方がお互いの「要求事項」や要望、希望条件について情報を交換する。

第三段階では、双方が多様な説得戦術を駆使し、相手側の気持ちを翻そうと努力する。

第四段階では、いくつもの譲歩や小さな合意を重ねた結果、最終の取り決めに到達する。しかしながら、ここでも文化差が見え隠れする。例えば、**アメリカ人にとって交渉の核心は、第三段階の「説得工作」にある**ため、第一・第二段階をごく簡単に終わらせる。ゴルフや天気、趣味や家族の話もするが、ほかの文化の交渉担当者に比べると、ごくわずかな時間しかかけない。短刀直入に第三段階に入ろうとする傾向が強い。

しかし、**ほかの多くの国々や文化では、情報交換や説得工作よりも交渉相手との「応対」そのものがビジネス、すなわち「交渉」の核心となる**。日本では、お互いに相手の人物を知り合うのに、かなりの時間を費やす。文化的に対立関係を裁判沙汰で解決することを好まない習性を持っているので、ビジネスを始める前に、まず「信頼し合える緊密な人間関係」をつくろうとするのである。

「暗算思考」と「システム思考」

日本の企業や組織において「有能な管理職」または「問題解決の名人」と呼ばれる人物は、意思決定の際に、論理的思考過程を経ず、直接的に解答を出すという。これが「名人芸」と呼ばれるものである。名人芸を継承させる方法には「口伝」「秘伝」というものがある。教えてもらうのではなく、「自分で盗め」といわれるものである。これは企業の経営から板前や大工などの専門職業人の技能に至るまで当てはまるようだ。

米国デュポー大学の飯久保《いいくぼ》博嗣《ひろつぐ》は、これを「暗算思考」と呼ぶ。暗算であるから、秘伝とならざるを得ないし、理論的には教えようもないという。つまり、「段取り」を教えられない以上、思考技術は本人の資質によるものと考えられている。この「暗算思考」は事がうまく運んでいるときには、とても効率がよく強力な武器となる。**日本はこれまでこの「暗算思考」のメリットを生かして経済成長してきた**といわれている。

しかし、以下の通りの弱点もある。

①異文化交渉や国際交渉の際に、相手の論理のプロセスが分からないので、「協働思考」（コラボレーション）が難しく効率が悪くなる。また、交渉の場では「摩擦」や「紛争」を起こしやすい

②手順を説明できないので、科学的、客観的に教育・訓練ができない

③結論が正しいか否か証明できない。無意識のプロセスの中でヌケ・モレがあれば、適切な判断とはいえない。失敗したときには何が原因なのか科学的に究明できない

などである。

これに対して、**欧米文化で交渉を行う際には「システム思考」が一般的**である。「暗算思考」をブラック・ボックスにたとえると、「システム思考」は「段取り、手順、それにプロセスが目に見える」のが特徴である。交渉も問題解決のためのプロセスであり、第三者にも理解できるのが普通である。

国際交渉の場合を想定してみよう。「外交」には、自国の要求を通す手段として軍事力をちらつかせたりする脅しの「砲艦外交」もあれば、その他の武力など複雑な要因が絡み合っている場合もあるが、二国間、多国間で合理的に交渉できる部分も多い。そこでは、システム思考に基づいた思考が共通の考え方とされている。交渉プロセスの中で、どの段階かをお互いに認識し、中間報告を出しながら結論を詰めていく方法である。

ところが、日本はアナログ型（暗算）思考であるから、いきなりブラック・ボックスから結論が出てくるという。プロセスを明らかにできないために、段階を確認したり、中間報告を出したりという発想も出てこないようだ。

協調点と対立点を相互に理解する

異文化交渉と同様に、文化間のコミュニケーションを考える際には、「人」と「組織」、それに「社会」を並列にして論議されることが多い。組織論に詳しい新井浄治は、マトリックスを使用してこれを考えると、縦横それぞれに別の文化の人・組織・社会を取り、互いに網の目のように交渉・コミュニケーションが行われると述べている。これには左図のような関係を考えると参考になるようだ。

そして、それぞれの関係でいかに交渉・コミュニケーションをすればよいかを考える。協

異文化間の交渉・コミュニケーションのマトリックス

		日本								
		人			組織			社会		
		協調	対立	解決策	協調	対立	解決策	協調	対立	解決策
アメリカ	人	a	b	c						
	組織									
	社会									

（出典：新井浄治「アンドロジナス型の行動基準の必要性」）

調できる点はどこか、どの分野で対立するのか、またその原因は何かを探り、紛争の解決を考えるというマトリックスである。

例えば、アメリカ人と日本人が個人として対応し合う場合、協調できる点（図のａ）としては、民主思想、誠実さ、正義感などの価値観などを挙げることができる。

次に、対立する点（図のｂ）としては、日本人からみたアメリカ人の「自己主張が強過ぎる」「独立主義」「力の過信」「気配りに欠ける」「物質主義」などといった特性と、アメリカ人から見た日本人の「返事があいまい」「はっきりものを言わない」「閉鎖的」「かまえる」といった特性の違いが挙げられる。

解決策（図のｃ）としては、両者の対立点の中から共通の基準を適用できるものを見つけ出し、接点を見つめることになる。例えば、「自己主張が強過ぎる」や「気配りに欠ける」というアメリカ人の特性は、多民族国家のアメリカは自己をはっきり主張することによって、お互いが理解するというコミュニケーション・スタイルを発展させている社会と理解できる。ならば日本人はよりはっきりと発言しなければ相手には伝わらないのだと配慮できる。

一方、「返事があいまい」「はっきりものを言わない」という日本人の特性は、均質性の高い「ハイ・コンテクスト文化」の環境で育ったからだと理解できる。つまり、話し言葉以上にノン・バーバルなメッセージを使用したコミュニケーション・パターンを身につけているということだ。ならばアメリカ人は、日本人には自分たちほどバーバルな言語コミュニケーションは必要がないと理解できる。

つまり、協調できる点に関しては、対立することはないからコミュニケーションの土台とすればよい。その上でお互いの**対立点とその原因を理解し合う**ことで、「伝え方」という基準を見つけ出し、それに配慮することで、無駄な対立を避け、紛争を解決できるのである。

異文化ビジネス交渉を考える上で、異文化コミュニケーションのコンセプトに精通しておくと、交渉中に問題が起きた際に原因が発見しやすい。また、紛争問題を未然に防ぐこともできる。

相手文化の交渉スタイルと特徴をつかめ

次にそれぞれの国や地域の交渉スタイルと特徴、それに異文化交渉を行う際の心得を行動科学の視点から紹介してみたい。なお、以下の異文化ビジネス交渉スタイルと特徴は各国の外交官にもあてはまることを発見したのが、前述のハロルド・ニコルソンやリチャード・ソロモンなどを始めとする研究者たちである。

ただし、以下で取り扱う各文化の交渉流儀やスタイルは、異文化間の交渉行動パターンを知る上での**「目安」や「インデックス」にはなるが、一定不変の固定化（ステレオタイプ化）を増大させるためのものではない**点を強調しておきたい。

「相手の交渉者は○○人で○○な文化を背負っているから、きっと紳士的な態度で交渉に臨み、強引な交渉を行わないであろう」と思い込んで交渉に臨むと危険である。**対異文化交渉では、文化差より個人差が交渉の進展と結果に影響する場合もある。**あくまでも、目の前にいる異文化交渉者にも文化の差に加えて「個人差」があることを前提として、交渉に当たるべきである。

■日本式交渉スタイルと特徴

日本人の交渉過程は、相互関係における「調和」の維持に重きが置かれているといわれているが、日本人は交渉すること自体あまり好まない。できれば交渉は避けて通りたいプロセスだと捉えがちだ。これは特に交渉相手が異文化のバックグランドを背負っているときに当てはまる。

交渉が不可避な場合でも相手と真正面から対決し合うこともなく、できる限りもめごとは穏便なかたちで解決したいという性向が強く、摩擦を避けようとする。「以心伝心」や「腹芸」、「察し」などの手段を用い、相手の対面を失わせないように振る舞い、物事や紛争の処理や決着を図ろうとする場合が多い。また、先にも述べたが、日本人は直感や体験、感情によって左右される「根回し」を、交渉の同意に至るまでの一つの儀礼として受け取っている。

■アメリカ式交渉スタイルと特徴

「時は金なり（Time is money!）」ということわざもあるように、**一般的にアメリカの交渉では、まず迅速さが重視される。**海外での商談出張も一泊で帰国する場合が多い。「パワー・ランチ」という用語もあるように、昼に商談が決まる場合もある。日本のように会社や組織訪問、あいさつ回り、ゴルフ、夜の会食をし、テーブルでのビジネス交渉は翌日に、そして末長いお付き合いを期待する、といったスタイルは取らないと思っていた方がベターである。一期一会の「ワンショット・ディール（一回ごとの取引）」も多い。

アメリカの交渉者の家庭にディナーに招かれれば、交渉に関心があると思ってよい。テーブルや椅子を囲んでの卓上会話を楽しみながら交渉を行えばよい。アメリカ人の交渉者は、建前論より本音のストレートな回答を望むので、賛成か反対かを問う“Why?”（なぜ賛成・反対か）には、“Because”（なぜならば）で説明するとよい。また、会話が途切れないように注意すること。多くのアメリカ人交渉者は、三秒以上の沈黙が続くと気まずく感じることがある。

これまで、アメリカの交渉者の特徴といえば、大胆不敵でゴーイング・マイ・ウェイ、西部劇のヒーローになぞらえた「カウボーイ型」であった。ジョージ・W・ブッシュ大統領の交渉スタイルは、ミスター・アメリカと称された西部劇の大スターの名を由来に、「ジョン・ウェイン型」といわれていた。

しかしここで、とてもユニークな交渉者が登場した。二〇一七年一月二〇日、第四五代目の米国大統領に就任したドナルド・J・トランプ氏である。その強気な交渉スタイルは、これまでの「カウボーイ型」を遥かに凌ぐ、いわば「ヘビー級ボクサー型」である。彼の交渉術に関しては第六章で詳しく述べる。

■中国式交渉スタイルと特徴

中国では口論をするくらいでなければ対人関係における信頼は生まれないといわれ、ハードな交渉が人間関係をつくる手段と見なされている。互いに本音を出し合い、交渉を通じて利益がどこにあるのかをお互いが認識し、理解できるようになる。そこで接点を見出すことができれば対人関係が築けるという。難しいのは、彼らがビジネスの相手や組織より、個人ベースの友情関係のほうが信頼できると考えることである。

リチャード・ソロモンは、国際交渉の際に中国人が一般的に各段階を慎重かつ「直線的」に進む、特有の（必ずしも独特ではない）様式で交渉を行うことに気付いた研究者である。同氏によれば、中国の交渉者の基本的な特徴として、自分側の主張に同情的な相手側のメンバーを見つけ出し、彼らに対して友好と順応の感覚を養成するという。その上で、友情、義務と罪の意識を巧みに操作する。これが中国でいわれる「関係」のゲームである。**中国人は交渉をゲームと捉える**のである。

中国人は交渉の開始時点では、抽象的な原則への忠実さを強調する傾向がある。対話の際、相手側の柔軟性の限界をよく見極めた上で、「もうこれ以上、待てない」という「土壇場」でしか「譲歩案」を示してこない傾向がある。

長引いた交渉の末、完全な行き詰まり状態になったと思われたときに、協定をまとめるための「妥協」が行われる。そして、終盤戦の局面で調印がなされるわけであるが、中国の交渉担当者は、実行期と呼ばれる協定締結後の段階でも、引き続き目的とするものをしつこく追い求めるというパターンが存在する。

■韓国式交渉スタイルと特徴

韓国は、儒教が社会全体に大きな影響力を持つ文化である。**韓国人は他人と自分との相対的関係を常に意識する**。日本以上に目上の人物を敬う社会であるから、年上の人には尊敬を持って接することが要求されている。

韓国では、上司や目上の人の前では酒を飲まないのが礼儀とされている。酒を飲む際には九〇度横を向いて飲む習わしがある。タバコも上司や目上の前では吸ってはいけないとされている。商談の際に相手が年長者であるのに、日本式にタバコをふかしていたために商談が決裂した例もある。これらの根底にあるのは、儒教の思想哲学であるが、政治的には国家主義（ナショナリズム）が強い。

一方で、自分より年下の者に対しては、公正と思いやりを持って接することが義務化されている。したがって、長幼の別、上下の別、男女の別が非常に厳格である。商談の場では、対等であるといっても儒教思想や習慣を理解することが必須である。

なお、韓国には握手のパターンに「右手使用、左手右胸」が存在することも忘れてはならない。年少者は年長者に握手をしながら軽く頭を下げると同時に、左手は右胸あたりを押さえるか、もしくは添えながら敬意を表する態度が求められている。

交渉の際に見られる自己主張の強さは欧米人並みであるので、こちらもはっきりと言わなければ理解はされない。「韓国」対「日本」という意識も強く、それが自己主張の強さとなる場合もある。ただし、韓国の人々は皆と同じであるということを大変気にするので、本心でないことを言っている場合もなきにしもあらずである。また、韓国人には一般に、物事は二元論に基づき、割り切るという思考パターンが存在する。

韓国文化は、「理」と「気」の両面を重んじるという点も重要である。小倉紀蔵《きぞう》の『韓国は一個の哲学である』（講談社）によれば、韓国文化における宇宙の万物は、「理」か「気」のいずれかに属するという。この教えを説いたのは朱子学者であった李退渓《りたいけい》であり、「理」とは、垂直的で暗黙のうちに内在化された秩序の原理である。「気」はそれに対抗する水平的な側面である物質的、感覚的な「エネルギー」と受け止められている。

韓国人の行動パターンは、常にこの両面性を持ち、いずれかだけを見ていても全体的な行動パターンは理解できないといわれている。韓国の人々は「気」の下でドンチャン騒ぎをする半面、「理」を重んじて極めて強い道徳的志向を保持している。

対韓国とのビジネス交渉は、相手は同じアジア人であるとか、自分たちとも共通点があるという認識ではなく、**まったく違うという前提で立ち向かったほうがスムーズに運びやすい**ようだ。

商談で成功するには、まず相互に尊敬できる人間関係を築くことである。個人的な人間関係はビジネスより優先される。交渉の際にも誠意を尽くすこと。韓国では一対一の会議を設定されることが多いので、相手が一人であっても、こちら側の提案を受けて自社に売り込んでくれる。したがって、本人と強力な信頼関係を築きやすい。

■ロシア式交渉スタイルと特徴

前述の木村汎は、**「ロシア人は、常に勝つために交渉を行う」**という。交渉を行う際には次の点を心得ておく必要がある。

一つめがロシアの外交官やビジネス関係者は、「パパラム（折半）」方式という交渉スタイルを時として使用することである。〈Kimura, Hiroshi.〈1996〉The Russian Way of Negotiating〈International Negotiation 1 : Kluwer Law International〉、『ソ連式交渉術』〈木村汎著、講談社〉参照〉

「パパラム方式」とは、とてつもなく法外な値段（要求）をふっかけて、万が一相手がそれを飲めば思わぬ「儲けもの」とし、よしんばその後にかなりの値引き（妥協）をしようとも、最初の値段を思い切り高くしているので、依然として大きな利益を収めることができる「商法」のことである。ロシアの交渉担当者は外交であれビジネスであれ、この方式に精通している。

二つめには、ロシア人はソ連時代同様、交渉を始める前にまず相手側の「力」の評定を行い、自己のそれよりも上であろうと下であろうと、**常に強気の姿勢を貫く**特徴がある。これが、「先制攻撃型交渉」と呼ばれるものであり、一方的な先制痛打を相手に浴びせるやり方である。特に、自分側のほうが相手側に比べて強力であると判断すると、ただちに勇猛果敢な攻撃に出る場合が多いようだ。

米国のジョン・ディーンは「相手が無力なときには、容赦なく噛む犬に似たソ連の一般的行動パターンが発揮される」とたとえる。「北方領土」の軍事占拠や二〇〇海里漁業専管水域の一方的な宣言など、その例は枚挙に暇がないという。加えて、そのような先制的電撃攻撃によってつくられた状態を既成事実として、相手に承認を強い、その上にどっかりと腰を据えて動こうとしない。また、相手からの抵抗がなければ、さらに次の一撃、二撃を与え「強気の交渉」を続けようとする傾向がある。
ロシアには「妥協」という言葉は存在するが、ロシア人にとってはなじまないコンセプトのようだ。ニューヨーク・タイムズの元モスクワ特派員のスミス記者は、「ソ連の交渉者たちは、妥協をほぼ同等の地位を前提とするアングロ・サクソン（欧米系人）のコンセプトであると考える」と述べている。妥協という考えは、ロシア的な役人根性の本能には、起こってこないと指摘する研究者も多い。

領土交渉などに見られるロシア側の態度には、歴史学者であるリチャード・パイプスや、北海道新聞社のモスクワ特派員であった山谷《やまや》賢量《けんりょう》も指摘するように、歴史的に「自分（自国）のものは自分のもの、他人（他国）のものは交渉の余地がある」という解釈が見受けられる。

これには理由がある。激烈な対立の歴史がロシア人の世界観に決定的な影響を与えたようだ。初期のモスクワ国家は天然の国境を持たなかったため、領土の足場を確保するためにはタタール人やトルコ人を撃退する必要があった。ロシアは再三、スウェーデン、ポーランドと戦うこともあったが、徐々に領土を拡大していった。一九世紀に入ると、ロシアはフランスのナポレオンによる侵略を受け、クリミア戦争では英国とフランスに敗れた経験を持っている。ロシア革命以後は、新しいソビエト社会主義政権を押しつぶそうとする西欧の列強軍とロシア領土で戦った歴史がある。そして二回の世界戦争時には、ドイツ軍に侵略され、主権と独立を脅かされた経験を持つ。

ロシアは何世紀にもわたってこのような侵略を受けた経験から、精神的にも傷を背負っており、その結果、防衛問題についても両極端ともいえる「秘密主義」や諸外国に対する「強硬姿勢」を打ち出し、自国の安全保障についての妄想に取り憑かれてきたのである。

■フランス式交渉スタイルと特徴

フランス人は日本人と同様、**「面と向かった議論」を嫌う傾向がある**。この傾向は、フランス人が社会的紛争を避けようとしてきたということではなく、国力が低落していく状況下にあって、「強国ないしは連合国に対し譲歩を迫られる局面を回避する」ことを重視し、それによって独立を維持しようとすることによる。フランスの立場とモットーは、**「議論や譲歩を拒絶し、原則に基づいて対立的立場を取る」**ことが一番望ましい結果につながるというものである。

ほかの特徴として、フランス人の交渉スタイルは、交渉相手で劇的に変わることがある。また、高度に理性的な抽象論に頼り、その立場は厳格で、法律一辺倒のものになる傾向が強い。ロシア人同様に、不愛想で対決的であったりする面も挙げられる。

■エジプト式交渉スタイルと特徴

政治学者のリチャード・E・クォントの研究によれば、エジプト人は自国の過去の文明の光栄、ファラオ的形態を持つ強力な統括者を求める心情、高度に発達した官僚統括機構などによって行動する。フランス人と同様、**エジプト人は交渉に対して「懐疑的」**である。これは歴史的にエジプトの独立が、国外の外部勢力の共謀と介入により危険にさらされてきたためである。

エジプトの交渉担当者は、スークというバザール様式（一六八頁の「アラブ式市場のバーゲニング・スタイルと特徴」を参照されたい）で値切ろうとするか、「仲介者経由」で行動するかのいずれかである。異文化の交渉担当者は、これらいずれかの状況が存在するかを見極める目が必要である。また、**エジプト人には、自分たちはヨーロッパとアラブとの間の架け橋**

だという意識が強い。ビジネスの慣習にもヨーロッパ式とアラブ式、それに中間もあることを忘れてはならない。

■サウジアラビア式交渉スタイルと特徴

サウジアラビアは伝統を重んじる文化であると同時に、アラブ諸国の中ではエジプト同様、新しいものでも文化に適応可能であればどんどん取り入れる傾向がある。

サウジアラビアのビジネスは、責任や権限がどの程度委譲されているかが会社によって異なる場合が多い。例えばジェネラル・マネジャーには権限がなく、オーナーが権限を持っている場合も多い。初対面でジェネラル・マネジャーと名刺交換を行い、話をしても、オーナーに話が通らないこともある。したがって、交渉をする際には直接の担当者と決定権を持つ幹部とがいかなる関係にあるかを見極めた上で、担当者にひとこと断ってから権限者と商談を進めるとよい。

また、会社によってはオーナーがサウジアラビア人であるが、実際にその下で雇われているのが、パキスタン人やエジプト人、またはインド人の場合があることも忘れてはならない。

会社の事務所は午後一時で一度閉めて、再度五時か六時にオープンされ、その間に昼食を取ったり休息したりする。中には、夜は八時から十二時までというところも多い。ほかの文化と違ってビジネス・ランチは活用されない場合がある。

交渉は一回では決まらないので、二回、三回、無駄足を運ぶのが当たり前だと思っていたほうがよい。サウジアラビア人は真面目なので、誠意をもって話を進めること。また、「インシャラー（全て神のおぼし召し）」という考えが浸透した文化であり、約束事を変更したりすることがあるので、書類なども一度サインされるまで慎重に対応すること。近年では、欧米で教育を受けた世代のビジネス関係者も多く、彼らのビジネス商習慣は欧米的であり、契約を状況に応じて変更したりすることはない。

親しくないうちは一般に女性と酒の話はしないこと。サウジアラビアでは女性は表面には出てこないので、交渉者の妻や娘を褒めたりするのはタブーである。かえって邪心があると思われるので注意したほうがよい。

■イランとの外交交渉

二〇〇二年、日本の川口順子外相（当時）が外遊を行った。訪問先のアフガニスタンでは、日本の存在感をアピールしたが、イランでは中東和平や安全保障問題を巡っての議論は平行線をたどり、国際交渉の難しさと国際政治の現実を肌で感じたようだ。テヘラン市内でイランのモハマド・ハタミ大統領と会談した際には、大統領の革命路線を支援する意向を表明し、イランとの文化、知的交流を進める考えを示した。

しかし、川口外相がイランによるパレスチナ過激派グループへの武器支援や大量破壊兵器開発疑惑などに対して懸念を表明し、建設的な回答を引き出そうとしたところ、イランのカマル・ハラジ外相が「パレスチナ人が占領者と闘うことは当然のこと」と突き放したという。また、自爆テロを問題視する川口外相の発言に対しても、「自爆テロは、彼らにとってほかに方法がないからだ」との言葉が返るばかりで、大量破壊兵器疑惑についてもイラン側からの前向きな回答を引き出せなかった。（各紙二〇〇二年五月六日号参照）

中東の交渉担当者はしたたかだというステレオタイプやイメージが付きまとう。ハラジ氏なども譲歩（日本からのイランへの経済支援）を引き出すための「アラブ式交渉術」に長けたしたたかな外交官といえる。そこで、次では「アラブ式市場のバーゲニング・スタイルと特徴」を取り上げてみたい。

■アラブ式市場のバーゲニング・スタイルと特徴

前述した「スーク」といえば、エジプトに限らずアラブ諸国にある「市場」のことであり、ここで買い物をするには忍耐に基づく交渉力が必要である。

まず、商品を求めて店に入り値段を聞くと、店の主人が「一〇〇ディナール」と言ったとしよう。そこで客が「いや、これなら五〇ディナールだね」と返して値引きのバーゲンが始まる。エジプトやその他中東では、一部のホテルや観光客向けの店を除いて値札が付いていていない。アラブ社会では、物の値段とは元来売り手と買い手が付けるものと考えられており、アラブの暮らしにはそうした原点があるという。

「スーク」での交渉は、時には数時間かかる場合もある。交渉中に怒って見せたり、仲直りをしたりしてコーヒーを飲みながらの「駆け引き」が続く。結局、双方の中間の「ナッシュ・ポイント」（両者にとっての満足度の積を最大にする点）である七五ディナールあたりで「手を打つ」ことになる。これを時間のロスとみるか、当然のプロセスと考えるかは、交渉者次第である。

日常の食料品などはお互い簡単に済ませるが、家具や高価な品物になると、交渉は一日がかりだという。朝から弁当持参で出かけ、大声で怒鳴り合い、途中休憩を挟んでシャイ（お茶）を飲み、再度交渉が始まる。昼には弁当を広げ、また午後から気の済むまで値を付け合って、やがて日没となる。そして、モスクから流れる祈りの声が空をかける頃に、ようやく売買が成立するという。その間、あらゆる「条件」を出し切って、時には近所の店の主人や通行人が参加して値段を付けるという。

エドワード・T・ホールも次のように述べている。

「中東地域では、売買交渉はその文化において基礎的な型であるが、われわれの文化において売買交渉と名づけられているものとは、非常に違っている。しかし、一応表面的にはアラブ人の売買交渉もわれわれのやり方と同じようにみえてしまう。ところがさにあらずだ。われわれが犯す最初の誤りは、中東においての売買交渉の価値、そして日常生活における売買交渉の果す役割の評価のしかたにある。アメリカ人は、値切る人びとをさげすむ傾向があり、取引きにしんけんに取り組むのは、家と自動車の購入の時だけだ。しかしアラブ人たちにとっては、売買交渉は、一日を過す一つのすごし方であり、また人間関係を発展させる一つの技術でもある。しかし、中東とアメリカとの違いは、売買交渉に置かれる価値ばかりではなく、むしろ、その『型』である」（『沈黙のことば』〈エドワード・T・ホール著、南雲堂〉）

この型は、あらゆる階層の人々に「暗黙の了解事項」として深く根を下ろしていることを見誤ってはいけない。

最後に、中近東では交渉の決定権は政府にあるが、裕福な国なので彼らはあまりビジネス交渉に熱心でない場合がある。また、ビジネス関係者の中にもお金持ちが多いので、「値引き交渉」も受け入れられたりする場合がある。申し入れの「ディスカウント・プリーズ」を試みるのも悪くはない。

■イタリア式交渉スタイルと特徴

イタリア人との交渉（特に商談の場合）は、アメリカ人に比べてスローなペースで進む。商談に入る前に、軽い世間話などをして交流を深めようとする。意思決定の責任は個人にあるが、しばしば家族や所属する組織の利害を優先する場合がある。

イタリア式ビジネスの特徴に「コルダータ（Cordata）」がある。「同じロープを使って登山をするグループ」の意味で、同じレベルの横のつながりで結び付いた、日本でいう系列関係のようなものを大切にする。

また、企業内の上下を把握しておくことが必要とされている。肩書きに伴う責任の度合いはアメリカと一致しない。権限の有無は、肩書きよりもその個人によって決まる。

また、イタリア人は**土壇場での変更を申し出て相手を動揺させるという手を使う場合が多い**。したがって、忍耐強く、あくまで冷静に接したほうがよい。これで不成立かと思った途端、契約が成立することがよくあるという。加えてしたたかな面もあり、安い値段で受注しておいて、後で値段を釣り上げるという場合もある。

お土産などには、自家製品と分かる品は避けたほうが賢明である。イタリア人は日本人に近いメンタリティを持っているので、義理と人情の社会である。表面的には人懐っこいが、内面的には保守的なところがある。気質は陽気なので、「アミーゴ（友人）になろう」の言葉を引き出すことがビジネス交渉の鍵のようだ。彼らは、昔ながらの関係、取引ルートなどを大事にする。

■インド式交渉スタイルと特徴

インド人は運命論者であると共に、一生を通してカーストから抜け出せないものとされている。カーストは「バラモン（司祭階級）」「クシャトリア（武士・貴族階級）」「バイシャ（一般庶民階級）」「シュードラ（奴隷民階級）」という四つの階級から成り立っている。インド人のほとんどが自分に与えられた運命に満足し、偶然というものはあまり信じない。

こういった文化価値のため、**インド人は概して融通が利き、交渉が必要な状況になったときにも和解がしやすい**という。一般に謙虚な性格であるため、うぬぼれ屋や高い自尊心の持ち主に対してはあまり良い印象を抱かない。

彼らがもの静かでかしこまった態度をしているのは、歴史的にインドがイギリスの影響下にあったからである。そのため、イギリスのビジネス慣行に基づき、肩書きを重視することで相手に敬意を表することも必要である。要職にある人に対して「ミスター・プレジデント」と呼ぶことがルールとされている。

インド人のビジネスパーソンは、良好な人間関係を確立することを重視する。これは中国と通じるところがある。インド人は交渉を相互の問題点を解決するための誠実な道だと考慮する傾向が強いため、**当事者全員が喜ぶかたちで解決することを臨む**。これをヒンドゥー語で「サティアグラハ（Satyagraha）」（真理把握）という。ガンディーが交渉を行う際に用いた言葉である。

なお、インドでは「ノー」という言葉は、きつい響きとなるので、断る際は当たり障りのない言葉を使う必要がある。

ビジネス・ランチなどの際には、**食事は右手だけですること**。お皿を渡すときは左手を使用してもよい。大皿の料理は手づかみで取らないこと。また、料理に関してインドのヒンドゥー教徒は牛肉を食べず、イスラム教徒は豚肉を決して口にしないことを覚えておく必要がある。

一般にインド人は従業員を信頼していないため、従業員は個別に機能するよう訓練されていない。そのため、意思決定は全てトップ・ダウンである。

交渉の意思決定は遅れる場合があることを覚悟しておくべきである。インド政府の仕事なども「お役所タイム」なので、インド国内の連絡も時間がかかる。これは欧米人にとって理解できない点でもある。

意思決定を速め、こちらからの提案の理解を確実なものにするために、意思決定の段階でインド側に前向きな印象を与えるべきである。ミディエーターを使用するなどして、ささやかな感謝の印を与えることにより、交渉の流れをスムーズにし、より早く結果を得ることができる。

■イギリス式交渉スタイルと特徴

英国が生んだノーベル賞受賞作家であるジョージ・バーナード・ショーは、「イギリスとアメリカは同じ言語で分割された二つの国家である」という名句を残している。同じ英語という言語を使用していても、二つの文化の価値は対照的である。

イギリス人と商談をする際には、ミディエーターを介するのが一番の早道といわれている。その場合は最初から介してもらうようにするのがよい。

意思決定の時間はアメリカ人よりも遅く、決して決断を急がせてはならない。会議をいつ終えるかはイギリス人側に任せ、終了後はさっと引き揚げること。

アメリカ人のビジネスパーソンは、ストレートに発言するというステレオタイプがあるが、イギリス人はそれを上回ると心得たほうがよい。歯に衣着せぬ言い方をされても、感情を害さないこと。また、イギリスへは年長者の管理職を派遣するほうが尊敬を受けやすいといえる。

契約は口頭での合意でも拘束力があり、書面での確認によって完結する。法的手段が必要なのは、大きな契約の場合に限られる。また、イギリスの弁護士と連絡する際には慎重に話すこと。文章なども省略せず、最後までしっかりと話すこと。

ビジネス・ランチはパブで軽い食事を取りながら行う場合が多い。シニア・エクゼクティブとのランチは、高級レストランや管理職専用のダイニング・ルームが通例となっている。お皿を回すときには必ず左隣りに回すこと。接待に誘うのは、相手と親しくなってからのほうがよい。

■カナダ式交渉スタイルと特徴

カナダ人の交渉スタイルは、イギリスの影響もあってか、アメリカ人のそれよりマイルドでテンポも遅めである。交渉学の研究家であるレン・レビッツは、カナダ人の交渉スタイルを以下の四つに分類している。

①執行人型

自らが望むものをありとあらゆる手段を用いて、時には力ずくで手に入れようとする強引なネゴシエーター。

②スコア・キーパー型

点数稼ぎ型。ありとあらゆる手段を用いて相手を操縦し、マイペースで交渉を進めることのできるタイプ。金融やマスコミ関係の業界には、このタイプが多く存在する。

③レベル・プロデューサー

強気で相手を攻めまくるタイプ。自らが働きながら、交渉を有利な方向にもっていくスキルと才能のある交渉者。

④ピース・メーカー

平和的に解決を心掛けるタイプ。自己を卑下しながら、義理に駆られて交渉する方法を知っている。一方で、相手側のトップや代表が多々いる場でも、自分側の不利が予想される場合は交渉しないなど、自己の組織を守るためには手強い交渉者となる。理論と実践の使い方（文武両道）に熟知している交渉者とも言える。

また、フランス系カナダ人と交渉をする際には、英語とフランス語の両方の書類をそろえたほうがよい。

■オーストラリア人の交渉スタイルと特徴

オーストラリア人は、一般に謙虚で気さくな国民である。カナダ人に似て、戦術的なセールスや押しの強いハードな売り込み態度を好まない。**自社の提案を率直に話し、メリットとデメリットの両面をはっきり伝えたほうがよい**。大風呂敷を広げた方式のプレゼンテーションは控えること。また、話し合いはあくまで謙虚な態度で臨み、知識や技術などをひけらかさないこと。

なお、意思決定はトップとの相談で決まる場合が多い。そのため決定には時間がかかる場合がある。しかし、あくまで根気よく待つべきである。

オーストラリア人は何よりも友好的関係を重視するので、相手と打ち解けた人間関係を築くことを忘れてはならない。

■ドイツ人の交渉スタイルと特徴

ドイツ人は、ハッタリや誇張をひどく嫌う傾向があり、**交渉の際には十分なデータや事例を示すと高く評価される。**

ドイツの企業では、トップの人間が何を行い、その下の人間が何をするかというような分業や限定規定がはっきりしている。交渉の意思決定もトップ・ダウンスタイルである。このため、商談の内容により交渉相手も決まってくる。その相手が休暇中の場合には交渉はできないことになるので、交渉以前にスケジュールを調整する必要がある。

ただし、企業内の命令系統以外の影のアドバイザーや意思決定者がいる場合もあり、この私設顧問団とも呼べる人の同意がないと物事が決まらない場合もある。ドイツにおいては幹部の人間と話し、相談するのが、交渉をうまく進めるチップ（秘訣）である。

交渉のスピードは、権限を持った人がその範囲内で進めていくことになるためかなり速い。ドイツ人の交渉者から「これでお受けになりますか」と尋ねられたときに、「ちょっと本社まで連絡を」となると、大変嫌がられるので避けたほうがよい。

また、商談の際はあくまでビジネスとして真面目な態度で臨むべきである。仕事中のジョークやユーモアはあまり好まれない。一方で、ドイツ人にとって「笑顔」は私的な愛情の表現となるので心得ておくとよい。なお、むやみに人を褒めないことである。ドイツ人は褒められることに文化的に慣れていないようだ。

■オランダ式交渉スタイルと特徴

オランダは、一七世紀初頭に世界中の国々と商業を通して、特に貿易で経済大国となった国である。その後、インドネシアやその他アジア、カリブ諸島に植民地を建設したが、小国ゆえにその「黄金時代」の繁栄は長く続かず、やがてイギリス、フランス、ドイツに取って代わられた。

このような歴史背景からして、オランダ人は外部からの情報に慎重であると共に、計画的な国民であり、物事をきちんと調整し、秩序を重んじる傾向が強い。普遍的な価値に重きを置く国民であるが、**交渉に当たっては密接な「人間関係」を築くことが必要**である。ビジネス慣行で忘れてならないことは、オランダ人はカルヴァン派的気質や倫理の影響を受けており、一般に、**倹約、正直、謙虚といった美徳を重んじる傾向が強い**ということである。反対に彼らが嫌うのは、虚飾、不誠実、尊大さである。ジョークの連発などは控えたほうがよい。

また、彼らの時間に対するコンセプトは厳格である。**会議の時間に二、三分遅れるだけでもタイム・マネジメントのできない人間ということで信頼を失うこともある。**したがって、ビジネスのサービスにも迅速さが求められる。商談の席でも雑談は少なく、すぐ仕事の本題に入る。オランダにおいて、見積もりを求められて即提示できないようでは、顧客は獲得できないといわれている。契約をきちんと果たせる能力がないと見なされるのである。

アポイントメントは、少なくとも一、二週間前に取ること（急にランチなどに招待しても、断られる場合がある）。なお、管理職の人々は六月から八月、それに十二月の後半に休暇を取る場合が多いので、その時期には特に注意すること。

オランダ人の管理職は率直で有能な人物が多いが、会社としての意思決定は時間がかかる。これは、彼らの意思決定過程の根本が、コンセンサス（全員の合意）を得ることにあるからである。

規模の大きい会社によっては、レセプション用の施設もあるので、接客係が飲み物やタバコを勧めてくれる。席を立つときには、チップを忘れないことである。

オランダ人は多様性を重んじるので、商談の出発点ではそれぞれが異なった意見を持っている場合もある。これを調整し、反対意見の見解を改めさせるために大きな努力が払われる。ただし、一度肯定的な決断が下されると、日本の企業と同様、その後の行動のテンポは速い。

また、オランダ人との交渉には、「コネ」も有効な手段であるので、自社を評価して意見してくれる人物を見つけておいたほうがよい。

彼らはヨーロッパの有能な「商人《あきんど》」であり、「フライング・ダッチマン」という言葉が示すとおり、世界中を駆け巡るグローバル・ビジネス・アントレプレナーであることは確かである。

■フィンランド式交渉スタイルと特徴

フィンランドは、福祉国家であると同時に、家族の強い絆が精神のバックボーンにあるためか、生活の安定と安心感がある。**自然を愛する国民であり、環境問題に関心が高い**。

交渉では雑談なしに、すぐ商談に入る傾向がある。企業での肩書きはイギリス式なので、「CEO（最高経営責任者）」に代わって「MD（マネージング・ディレクター）」を使用し、また、「Corporate Vice President（副社長）」に代わって「Deputy（デピューティー）」と呼ぶ。

ビジネス交渉の際には夕食に誘われることもある。ビジネス・ランチの際にはカフェオレが一般であるが、夕食の際にはワインがポピュラーである。また、フィンランドではサウナに誘われる場合もあり、交渉成立の証として、サウナに行ってから夕食というパターンも存在する。

■スウェーデン式交渉スタイルと特徴

北欧の中でも、**スウェーデン人はプライドが高いといわれている。**人道主義が貫かれた国であり、生活の質の向上と環境問題に関心が高い。

意思決定の責任は個人にあるが、社会福祉の理念が強い関係か、日本に似て「コンセンサス」の範囲で決定される。交渉の際には、フィンランドに似て雑談もなく、すぐにビジネスの話に入る。

昼食や夕食会は一般的であるが、スウェーデンの「乾杯」（スコール）はホストや年長者の側からしてくるのを待つこと。ホストが「スコール」と言うまで、飲み物には手をつけてはいけない。

■ノルウェー式交渉スタイルと特徴

ノルウェー人は愛国心が強いが、**異論や異質なものに対しても寛容**である。これまでノルウェーにおいて有名なミディエーターが多く生まれたのも、そのためかもしれない。

意思決定の責任は個人にある。ほかの北欧の国と同様に福祉国家なので、決定は社会福祉の考えに基づいている。また彼らは自然を大切にし、自国の環境の良さに誇りを持っている。

ノルウェー人はほかの北欧の人々よりも気さくである。契約の際にもアメリカ人のように弁護士を使って細部までチェックさせることは少なく、内容を双方で確認すれば十分な場合が多い。弁護士に依頼するときには、相手側に前もって慎重に伝えること。

ほとんどのレストランでは、月曜日から木曜日の午後三時を過ぎなければ、アルコール類が出ない。食事をしながら仕事の話をしてもかまわないが、勘定は招待した側が払うのが習わしである。なお、ノルウェー人の家庭を訪問した際には、迎え入れられるまで中には入らないこと。

■マレーシア式交渉スタイルと特徴

マレーシアはシンガポール同様、多民族国家である。主要民族はマレー系、中国系、インド系で構成され、それぞれ独自の伝統を維持している。

伝統的に**男性と女性は人前で触れ合うことを避ける**。また、マレー系マレーシア人は、ほとんどがイスラム教徒であり、厳格なイスラム教徒は豚肉やアルコールは口にしない。なお、マレーシアのイスラム教徒は犬を不潔なものと考えているので、犬のおもちゃや犬の模様のついた贈り物はしないこと。なお、インド系の厳格なヒンドゥー教徒は、牛肉を一切口にしないばかりか牛革製品も使用しないので、ギフトとして革製品は控えたほうがよい。

イスラム教徒やヒンドゥー教徒を不快にさせないために、女性の交渉担当者は少なくとも、袖なしの服を控えること。加えて、スカートもひざ丈が長いものを選ぶこと。

マレーシア人は見知らぬ人とはビジネスをしないので、まず**個人的な友好関係を深める**

ことが大切である。時間はかかるが商談などを成功させるためには不可欠である。交渉のペースはゆっくり進むので時間がかかる。一回の出張で商談が成立するのは不可能と割り切り、最初の会議は「顔合わせ」と考え、収益は期待しないほうがベターである。

良い友好関係を築くには礼儀正しいことが重要視される。マレーシア人が意思決定をする際には、取引先の礼儀正しさが大きな要因となるようだ。

彼らがはっきりと「ノー」と言うことはあまりない。日本に似て相手の気分を害さないようにするために「イエス」を使用するので、それを文字通り受け取らないこと。彼らが「イエス、バット」または「それは、難しいですね」と言った際には、答えは「ノー」だと思ったほうがよい。

また、常に穏やかで冷静な話し方を維持すること。話し終わったら、相手が応答するまで時間を十分に取ることが必要である。これも日本に似て、マレーシアは「沈黙は金」の文化でもある。

■インドネシアの交渉スタイルと特徴

インドネシア人は、三〇〇年間にわたって外国人によって搾取されていた経験を持つため、外国に対して良いイメージを持っていないというステレオタイプが存在する。そうしたことに捉われないためにも、彼らとは社交の場を通して付き合う必要がある。

インドネシアは、階級社会であるので、自分より地位の低い人を待たせるのは普通である。ただし、地位が高くなればなるほど時間厳守を重視する。交渉も同じ地位やランクの人同士で行う。**日本から複数の交渉者が出向いた場合、話し合いがかえって複雑になる。**

彼らは契約や取引の契約書にはうるさいが、これは互いの調和的関係の証に過ぎず、契約書通りの履行はあまり期待できないようだ。たとえ彼らが間違っていても、彼らの「体面」を損わない注意が必要である。

国民の大多数はマレー系が占めるが、ビジネス界で大きな力を持っているのは中国系であり、彼らは時間を厳守する。反対にマレー系の人は「ラバー・タイム（ゴムの時間）」で仕事をする傾向があり、時間にはルーズである。ビジネス・アワーはイスラム教徒が多い関係もあり、月曜日から木曜日の午前八時から午後四時までと、金曜日と土曜日の午前までである。

インドネシア人は見知らぬ人とはビジネスをしないので、まず個人的な友好関係を深めることが必要である。反論することは失礼に当たると考えられているので、「ノー」とはめったに言わない。「儀礼的なイエス」と「本音のイエス」を見極める必要がある。

ちなみにインドネシア人は、ほかの多くの文化では不思議とも思える状況で笑ったりすることがある。しかし、これは日本女性のクスクス笑い同様、不賛成や気恥ずかしさ、当惑を隠すためのノンバーバル（非言語）・メッセージである。相手に対して他意はない。

■華僑《かきょう》の交渉スタイルと特徴

東南アジアにおいて、ビジネスの中心的存在は何といっても華僑のビジネス関係者である。彼らは本来中国人であるから、人間的なつながりを大切にする。交渉の場では、なかなか本音を見せない。また、時間の浪費を嫌い、相手に結論を急がせる傾向がある。

なお、夕方からの「社交的付き合い」が有効な交渉手段となる場合が多い。彼らは、仕事場を離れた所で自分をオープンにし、相手に胸襟《きょうきん》を開く。それを信頼関係構築へと持っていくことができれば、ビジネス・チャンスは広がる。また、東南アジアはリベートの国であるので、異文化の交渉相手にもリベートを要求する場合がある。当然の成功報酬と見なし、罪悪感はないのである。

■ブラジル式交渉スタイルと特徴

ブラジルのカーニバルは四旬節の直前の四日間続く。年によって異なるが、大体二月初めから三月初めに行われるので、この前後の時期のビジネス交渉は避けること。また、商談などのビジネスのアポイントメントは、少なくとも二週間前に取ること。事務所や役所に予約なしで行くのは無駄である。

意思決定の責任は個人にあるが、**家族に対する忠誠が義務**とされている。ブラジル人にとって大切なのは血族単位である「パレンテラ」である。父母の両家系につながる親類縁者の意味で、数百人の規模になることもあるという。この社会組織は、人々に安定感と安心感を与えている。

交渉の際には何よりも「忍耐」が要求される。決着するまで何度も足を運ばねばならないと思ったほうがよい。また、契約は順序通り始めから検討するとは限らないので、契約全般にわたって話せるよう準備すること。加えて、交渉担当者を途中で変えないこと。契約全体に悪影響が及ぶ。

ブラジル人は、企業同士ではなく相手の担当者との個人的な信頼関係を重視する。契約についての問題には、必ず現地の会計士と弁護士に相当する「ナタリオ」を雇うこと。

ブラジルの交渉は一般に活気に満ちあふれているといわれている。交渉の途中に何度も「ノー」を連発したり、頻繁に体に触れたりする。彼らに対してアメリカ式の攻撃的な話の進め方は良い印象を与えない。結論は急がせず、また正面切っての対立は避け、イライラした様子は見せないほうがよい。なお、接待に使うレストランなどは先方に推薦してもらうとよい。ただし、食事中には自らビジネスの話はしないほうがよい。

なお、アルゼンチン・ブラジル戦争の経緯もあるため、政治的な話ではアルゼンチンの話題は避けること。タブーである。また、ブラジル人は一見無関係と思われる事柄をしつこく持ち出すことがあるが、その場合には断定的な言い方はせず、柔軟に受け流すことを勧める。

■チリ式交渉スタイルと特徴

チリにおける公用語はスペイン語であるが、ビジネスパーソンは英語で交渉を行う。チリの文化は征服者がもたらした文化ではなく、ヨーロッパの多様な文化が同化されたコスモポリタン的なものである。

初対面では経営陣のトップとミドル・クラスが、その次からはミドル・クラスが具体的な交渉を進めるとよい。初回の会議で友好関係を築くことに主たる時間を割き、徐々に自社の紹介に入ること。

政治、経済、社会面でもチリの人々は保守的である。交渉の場の雰囲気は、欧米のそれと比べて堅苦しい。礼儀正しく、きちんとした服装で臨むことがよい。チリのビジネスパーソンは自己の名誉に敏感であるので、相手の面子を失わせるようなことは慎むべきである。**企業内の決定権は、中央集権的でトップが握っている場合がほとんど**である。ただし、全てのレベルの社員が意見を出すので、交渉はスローに進む。あくまで忍耐を持って当たり、**遅れることが普通**と思っていたほうがよい。交渉が成立するまでには、何度も足を運ぶことを覚悟していたほうがよい。

個人的な信頼関係がビジネスで何より重んじられることからも、チリの歴史や文化や経済などについては多少なりとも知識を持っていたほうがよい。交渉の際には「熱意」が決め手となる。例えば、チリとの距離をいとわず継続的なサービスを提供する姿勢を示せば、地理的に孤立している国だけに多いに評価される。

また、チリで商談を有利に進めたいのなら、ミディエーターである第三者の仲介が必要といえる。

■アルゼンチン式交渉スタイルと特徴

アルゼンチンはタンゴの国として知られているが、ほかの南米諸国に比べると保守的で新しい考え方に対しては不寛容だといわれている。これにはヨーロッパの影響とイデオロギー（カトリック教会、支持政党、民族意識）の影響があるといわれている。

ゴールドマン・サックスのジェフリー・カリーによれば、**アルゼンチン人はビジネス交渉において対等な扱いを受けていないと感じると、自分の立場を固守するハードな交渉スタイルを取る**という。その半面、**自分の感情や信条に反しない限り事実を受け入れる傾向がある**。自分が好意を持つ相手には「ノー」とは言えない場合も多い。

経営組織では階層意識が強く、意思の決定は上層部が行う。訪問する際には、時間を厳守する必要があるが、アルゼンチン側が遅刻してきても驚かないこと。地位の高い人ほど相手を待たせるのが普通といわれている。ランチやディナーは時間厳守すべきだが、パーティーの場合には、時間厳守で行くと失礼に当たる。多少遅れて訪れるようにすること。

また、家族や業界、政界にわたり内部的なつながりが強く、ビジネス上の関係と社会関係とのけじめがつきにくいので注意する必要がある。

なお、過去に軍事政権時代が長く続いたこともあるので、政治問題は話題にしないほうがよい。

■メキシコ式交渉スタイルと特徴

メキシコはスペインの征服から独立した国であるため、現在でもその名残がある。特に現地企業は白人系の人々が実権を握っている。そのため、一般に交渉相手は白人系になる場合が多い。

日本人に対するメキシコでのイメージは「勤勉」で「誠実」であり、対日感情は良い。対米感情とは反対である。その理由には、日系のメキシコ人に勤勉で社会的に成功している人が多いことが挙げられる。

企業では権限範囲がはっきり分かれているので、各々の担当者とも話をする必要がある。日本のように部下に話をしておけば上層部に伝わるというシステムはないと思っていたほうがよい。

交渉は欧米に比べてスローに進む。決定はトップレベルが下位の人と協議して決めるので、遅れることが普通と思ったほうがよい。決して焦らないことである。

メキシコは個人主義の国であるが、「アミーゴ」の付き合いが鍵を握っている。ビジネスでも友好関係が不可欠で、彼らは相互信頼に基づいた長期的な関係を求める。また、誰かと友人になれば、その人とつながりのある人物を紹介してもらうことも可能である。これによって、次のビジネス・チャンスが生まれることもある。

メキシコ人は、最初はつかみどころがなく、素直さに欠けると見受けられがちであるが、こちらが誠意を示していればこの殻は打ち破ることができるといわれている。彼らは「ノー」と言うのを嫌う傾向があり、日本人と似たところもある。

なお、**商談が決まった暁には、双方にとってメリットがあり、相手は無論、家族にとっても利益があることを強調すること**。また、合意事項は全て文書にしておくこと。

■ポーランド式交渉スタイルと特徴

ポーランドは第二次大戦後にソ連の支配下におかれていたが、もともとは西側の情報にはオープンであった。自由化と民営化が進むに従い、意思決定の責任は個人にかかる度合いが増えてきている。

ただし、**交渉の成否は現地のポーランド人の代理人次第である。フィクサーである代理人なくしては何事も進まない**。特に商談までに要する時間を予測するのが難しい。しかし、新しい企業家の中には迅速な商談を望む人もおり、これは特に中小企業の関係者の場合には可能であるようだ。

ポーランド人は、一般に物静かな国民で、話し方などもアメリカ人に比べてかなり静かである。また、ビジネスで初対面の際の贈り物としては、外国製品が喜ばれる（香水、コーヒー、アメリカのタバコなどは国内では入手しにくいようだ）が、中でもウォッカが喜ばれる。

なお、ポーランドはドイツ・チェコ・スロベニアなどとは、必ずしも良好な関係を結んでいないので、これらの国についての話題は持ち出さないほうがよい。

■ユダヤ式交渉スタイルと特徴

ユダヤ式交渉では、いきなりトップ同士が接触し、交渉の事務的な細部だけを部下に委ねる。

ユダヤ人にとっては、交渉の全てのプロセスが政治的判断の場であると考えられている。したがって、**全て自分の利益を優先して判断する**。この方法は一見利己的に見えるが、相手側も自己の利益を優先して判断しているので、そこに何の矛盾もない。

譲歩するのは、相手側も譲歩する場合だけである。交渉の途中に方向性や妥協点など、後になって問題になりそうな事柄に気付くと、トップ同士がお互いに直接確認し合う。トップ同士が個人の責任において交渉をリードするのである。

その典型例が、ニクソン政権の国務省長官だったヘンリー・キッシンジャーが一九七二年に行った、「シャトル外交」と呼ばれる「米中国交回復交渉」、それに七二年と七四年にかけて行われた中東戦争の停戦交渉である。

キッシンジャーは、ニクソン大統領に自ら政策を提案し、アメリカ側の国益に基づいた進路を決定して、全権大使として交渉に当たったのである。米中交渉の際に、パキスタン経由で北京に飛び、中国側との「米中雪解け交渉」のお膳立てを行ったのは有名な話である。

また、キッシンジャーはドンファン型交渉者としても有名である。中ソが冷戦状態であったにもかかわらず、両社会主義の手綱を上手に使い、七二年にはニクソン大統領の中国訪問を実現させたかと思えば、一方ではソ連への訪問も演出し、米ソの雪解けムードを進展させた。さらにはこれら二つのテコを利用し、ベトナムとの和平交渉協定も成立させたのである。

ユダヤ系の交渉者にはドンファン型が多いのが特徴である。日本に必要なのは、したたかなドンファン型外交交渉担当者である。

第五章

国際紛争やテロに見る交渉

―ミディエーターとネゴシエーター―

二一世紀に求められる究極の交渉術

現代のようなグローバル社会においては、利害のぶつかり合いや摩擦、紛争といった対立は二〇世紀以上に増え、それに伴って国際紛争やテロなどの犯罪も増加傾向にある。誰もが自分に関わる決定への参加を求め、他人や他国、他文化が下した決定には従わなくなってきている。

そうした対立や紛争の解決のためには、**「異文化間ミディエーター」**や**「ネゴシエーター（犯罪交渉人）」**と呼ばれる、卓越した交渉力を持った人材が求められる。この章では、彼らの役割や技術、そこに求められる素質を探ることで、「交渉術」のより高いステージを紹介したい。

キャンプ・デービッド合意

――利害の調整＝相手側の関心事を探れ――

「異文化間ミディエーター」という言葉は、日本ではあまり聞き慣れない。定義をすれば、「異文化をバックグラウンドとして有する個人または団体の間で、問題、障害、支援、紛争が起きる可能性があると察した場合、**第三者的な中立の立場を保持しながら、複数の文化を超越し、グレート・コミュニケーターと、さらにグレート・ネゴシエーター（交渉者）との両方のスキルを駆使して未然に解決、処理することができる人物**」である。

実際例として、紛争が決着したイスラエルとエジプト間の「和平協定」交渉を紹介したい。これは世界の国際紛争の中でも解決は不可能と囁かれたものであるが、ジミー・カーター米元大統領のミディエーション力に基づき解決したのである。

この交渉では、一九七八年にカーター氏が、イスラエルのメナヘム・ベギン首相と、エジプトのアンワル・サダト大統領とを、大統領山荘（キャンプ・デービッド）に招待するかたちで三者会談が行われた。要約すると以下のように進んだのである。

イスラエルは、一九六七年の「六日戦争」以降、エジプト領シナイ半島を占領したままであり、

イスラエル側「シナイ半島の一部を維持し続けたい」

エジプト側「シナイ半島全域がエジプトに返還されるべきである」

というように、両首脳の言い分は真っ向から対立していた。その後、幾度となくシナイをエジプトとイスラエルに分ける境界線を示すために地図が書き直されたが、この方法はエジプト側には到底受け入れられるものではなかった。かといってイスラエル側にとっても、一九六七年以前の状態に戻すことは、同様に受け入れがたいことであった。

しかし、カーター氏が両者の**表面に出た主張ではなく、その背後にある「関心事」**（最も欲しているもの）に目を移したときに、紛争解決の糸口が見つかり、交渉の突破口が開かれたのである。

イスラエル側「我々にとっての最大の『関心事』は、『**国家の安全**』である」（イスラエルは、国境線にエジプトの戦車がいつでも進撃できるように待機していることを好まなかったのである）

エジプト側「我々の最大の『関心事』は、『**土地の主権**』にある」（エジプト側にとってシナイ半島とは、古代王朝の時代からエジプトの一部であった。ギリシャ、ローマ帝国、トルコ、フランス、イギリスによる何世紀にもわたる支配から、ようやく主権を取り戻したのである。エジプトはもうこれ以上、外国の征服者に領地を譲る気は毛頭なかった）

これを受けて見出された解決策は以下の通りである。

「シナイ半島を全てエジプト側の主権に戻す。しかし、エジプト側の広範囲の非武装化により、イスラエルの安全を確保する」という計画に同意する（エジプトの国旗は至る所に見られても、イスラエルの近くでは戦車が一台も見られなくなる。イスラエルにおけるエジプトの存在感は、武力〈ハード・パワー〉に代わり、国旗〈ソフト・パワー〉が示すものとなった。このケースは交渉心理学の一例でもある）。

すなわち、**表面上の要求や主張で妥協をするよりも、お互いの最大の「関心事」を調整するほうが交渉はうまく運ぶ**のである。

以上がカーター氏のミディエーション力により国際紛争が「一件落着」した実例である。ただ、実際に「和平協定」調印に至るまでにはカーター氏の忍耐力と多くの苦労があった。カーター氏の回想を踏まえ、交渉過程を整理してみる。

「イスラエルとエジプト間の対立問題や、ほかの感情的な問題を話し合っているうちに、ベギンとサダトはどうも個人的に馬が合わないということも分かってきた。お互い顔を合わせて話していると、つまらないことで言い合いをしたり、けんか腰の激論になったりするので、直接に話し合うよりは、それぞれミディエーターの自分と個別に話し合いをしたほうがいいだろうと考えたのである」

特に、キャンプ・デービッド会談最後の一〇日間は、**二人共一切口をきかず、目を合わせようともしなかった**。そこでカーター氏が取った方法は、**ノート作戦**である。

「私は毎日、合意に達した点と、意見が大きく対立している点のリストを書き出した。ほんの少しずつだが、二番目のリストは確かに短くなっていった。一一日目になってようやく、**うまくいかないのは、ただ二つの問題のためである**ということに気付いた。シナイ半島からのイスラエル人入植村の撤退とエルサレム市の扱いという問題である」

シナイ半島にはイスラエルの入植村があった。その住民を撤退させることは、国民の反対もあり、ベギン首相にとっては受け入れられないものであった。そこでカーター氏は、入植村撤退問題の最終決定を、イスラエルの国会に委ねるという案を提案、ベギン首相がこれを承諾した。

「これは私がベギンのために逃げ道として考えた案である。こうすれば、ベギンはイスラエル人入植村を撤退しないという（自国民との）約束を破らないで済むし、問題を国会に委ねられるのである」

こうした**お互いの関心事と利害の調整により、交渉は決着に至った**のである。

「アメリカ側チームは、土壇場で両首脳が受け入れた変更点を加えた最終原稿の作成に、夢中でとりかかった。これが『**キャンプ・デービッド合意**』である」

（"Talking Peace"〈by Jimmy Carter〉参照）

交渉の「3つの型」の比較

ソフト型	ハード型	ハーバード流 原則立脚型
参加者は友人である	参加者は敵対関係である	参加者は問題解決者である
目的は譲歩にある	目的は勝利にある	目的は効果的かつ友好裏に賢明な結果をもたらすことにある
友好関係を深めるため譲歩する	友好関係の条件として譲歩する	人と問題を分離する
人に対しても問題に対しても柔軟性を持つ	人に対しても問題に対しても強硬に対処する	人に対しては柔軟性を持ち問題に対しては強硬に
相手を信頼する	相手を疑う	信頼するしないにかかわらず進行する
自分の立場を簡単に変える	自分の立場は変えない	立場でなく双方の関心事(利害)に焦点を合わせる
提案する	脅す	関心事(利害)を探る
ボトム・ラインを明かす	ボトム・ラインを隠して誤信させる	ボトム・ラインを出すやり方を避ける
和解を成立させるためには一方的に不利な条件も受け入れる	和解の対価として一方的に有利な条件を強要する	双方にとって有利な選択肢を考え出す
答えはただ1つ。相手が受け入れるものを探す	答えはただ1つ。自分が受け入れられるものを探す	まず複数の選択肢を作り、決定はその後にする
合意を強調する	自分の立場を強調する	客観的基準を強調する
意思のぶつかり合いを避けようとする	意思をぶつけ合って勝とうとする	意思とは無関係な客観的基準に基づいて結果を出す
圧力に屈する	圧力をかける	理を説いて、相手の理には耳を傾け、圧力でなく原則に合わせる

「交渉」はハーバード流交渉術のメカニズムでもある**「原則立脚型交渉」**と、主にタカ派に見られるような**「ハード型交渉」**、ハト派に見られるような**「ソフト型交渉」**の三つに大きく分けられる。それぞれを比較・対照すると右図のようになる。カーター氏は、対立した両者の「ハード型交渉」を「原則立脚型交渉」に導いていくことで、紛争を解決に至らせたのである。

ミディエーターに必要な資質とは

ミディエーターに必要な資質とはどのようなものであろうか。ここでその要旨を、カーター氏に関連させて検討してみたい。

①パーソナリティ

まずは「パーソナリティ（人格）」が挙げられる。ミディエーターのパーソナリティは、ミディエーションを成功させる「要」となる。ミディエーションが、交渉者と交渉者、つまり人間対人間の関わり合いの場である以上、ミディエーターのパーソナリティがその進展に与える影響は大である。この点、カーター氏は関係三カ国の代表者からの信頼が厚かったといえる。

②交渉者の偏見・先入観の度合いを知ること

交渉者が相手側に抱いている偏見や先入観は互いの交渉のみならず、ミディエーションの進展具合に影響をもたらすものである。カーター氏自身も指摘しているように、双方の当事者たちが、「どういう偏見・先入観を持っているのか」、また、「どういう意見を持っているのか」を調べ、熟知していることが必要である。

③洞察力

ミディエーションに限らず交渉力の基本であるが、交渉者の人物評価など、ミディエーターにはより高い「洞察力」が求められる。

④中立を守ること

辛抱強く、理解力を持ち、交渉を行っている双方の当事者から信頼されるために、「中立的立場」を維持することが必要である。

⑤交渉の基礎知識を持つこと

前述の「ゼロ・サム交渉」や「プラス・サム交渉」などの一般理論に対する知識を兼ね備え、「争点」や「対抗提案」、「オプション」などを用いて交渉を進める術に精通していることである。また、交渉行動科学に関する一般理論についての知識などにも明るいことが必要である。

⑥説明・表現力

ミディエーターは、双方の交渉当事者に対して、お互いは同等に扱われており、一方だけが不利になることはないと納得させる能力——交渉の環境や、やむにやまれぬ問題点などについて十分な説明を行う表現力——を持つことが必要である。

⑦説得力

⑥に関連するが、交渉において言い分を主張する場合は、正当性を立証する客観的データなどを示したりする説得力も要求される。その際には、決して押しつけがましい態度であってはならない。

⑧良き聞き手であること

相手の言い分をじっくり聞ける「アクティブ・リスナー」に徹し、相手の抱えている問題を認識し、理解をする力（「ヒアリング」と「リスニング」の違いの認識など）を培うことも必要である。

⑨エンパシー（共感）力

相手側の気分を害さずに、共感を得るような話の進め方ができる能力も必要である。

⑩ポジティブな態度

交渉当事者に対して「この交渉は結果的に、将来において双方にとって多くの利益をもたらす」という姿勢と態度を保つこと。

⑪秘密を守ること

交渉当事者たちの秘密を守ること。カーター氏は「キャンプ・デービッド和平交渉」や「ボスニア紛争交渉」の際に、交渉者各自に対して秘密を守った。

⑫双方の交渉戦略を知ること

例えば、交渉者同士の文化バックグランドが異なる場合、前もって異文化交渉に必要な側面の研究――「各文化の交渉スタイルやパターン」「文化間の時間に関してのコンセプトや考え方」「交渉の際における対人・空間距離」など――を行わなければならない。

こうした資質を兼ね備えたカーター氏は、一九九四年六月にミディエーターとして訪朝。金日成《キムイルソン》国家主席と会談し、北朝鮮の核問題に関して突破口を開いた。また、同年九月にはハイチを訪問。ラウル・セドラ軍司令官と会談し、軍事政権を退陣に導くなど、アメリカの外交的難問を当時のビル・クリントン大統領やウォーレン・クリストファー国務長官に代わって解決した。

当時朝日新聞アメリカ総局長であった船橋洋一は、「カーターは、ソマリアの内戦でも米政府が『国際指名』したアイディード将軍とひそかに信頼関係を築いた。クリストファー国務長官と朝食を共にしたとき、アイディード将軍から託された手紙を手渡し、クリストファーをびっくりさせた」と、カーター氏のミディエーションとしての気配りとパーソナリティに対し高い評価を与えている。これらの「外交調停」の経験と一九七八年の「キャンプ・デービッド和平」の立役者としての実績と経験が一九九五年のボスニア紛争の停戦を可能ならしめたのである。

まさにミディエーションの価値を示す事例であるが、ミディエーションを行う際に忘れてはならない点がある。「**ミディエーションは一時的な仲裁戦略であるが、万能薬ではない**」ことである。つまり、交渉している当事者たちが本気で「敵対」している場合には、あまりうまく機能しない。利害の対立が比較的小規模な交渉では、ミディエーターの補助により、当事者たちが譲歩したり、合意に至ることもある。しかしながら、利害や対立が大きく、または利害関係が複雑だったり、相違点があまりにもかけ離れている場合には、ミディエーションは効果的ではないということだ。そうした前提を覆すほどのミディエーション力を持ったカーター氏は、希代のミディエーターといえるのである。

暴力に頼らずとも紛争は解決できる

ノルウェーのノーベル賞委員会は、二〇〇二年一〇月一一日、「ノーベル平和賞」を国際和平の実現に広範囲に取り組んでいるカーター氏に授与することを発表。授賞の理由として「（交渉・ミディエーションを通して）国際紛争の平和的解決を模索し、民主化や人権、経済、社会的な発展を促進し努力した」ことを挙げた。なお、カーター氏は「受賞は我々だけではなく、苦しみを受けている世界中の人々のためのものであり、彼らを代表していただく」、また、「授与は現在の米政権のイラク政策に対する批判と受け取っていただいて結構だ」と述べ、イラクへの単独攻撃も辞さない当時のブッシュ大統領を批判し、外交政策の転換を求めた。

紛争とその解決策の交渉の一部であるミディエーションの大切さについて、カーター氏は、「紛争や争いは利害の違いから生じる。一つの場所に二つ以上のグループが存在すれば、二つ以上の考えがあり、二つ以上の野心がある。それぞれのグループが、ほかのグループとぶつかり合わずに、自分たちの欲するものを追求できることもあるが、そこには紛争・衝突が起きることも多い。**ミディエーターの役割は、暴力行為に発展する前に、妥協と交渉を通して双方の意見の違いを調整することだ**」と指摘する。

また、意見が違っても必ず戦争になるとは限らず、戦争は争いを暴力的に決着する一つの方法であり、暴力によらない解決法に「交渉」と「ミディエーション」によってお互いに妥協する方法と、デモやボイコットなどで意見の違うことを知らせる消極的な市民的服従の方法があるという。

一九六〇年代、マーティン・ルーサー・キング牧師によって繰り広げられた「公民権運動」は、後者の方法で人種差別の法律を撤廃させたのである。

テロとの交渉は可能か

世界の歴史の中には、さまざまな理由から、紛争を解決するためには武力行使や戦争以外にないと考えたリーダーやテロリストが多く存在する。戦争に引き裂かれた国や地域で辛い思いをしている人々が助けを求めて叫んでいても、平和の恵みにどっぷりつかっている遠くの豊かな国々の人々の耳には届かない場合が多い。それはテロが多発する要因の一つとも想定できる。

戦争ほど死者が多くない場合でも、テロや迫害で国全体の経済と政治の体制が崩壊することがある。そうした相手にも「交渉」は可能であろうか。外交官や交渉学研究者の中には、テロリストとの交渉は不可能だという意見を持っている人が多い。理由は、「相手はテロリストだから」である。しかし、ロジャー・フィッシャーと共に『ハーバード流交渉術』を記したウイリアム・ユーリーの答えは「可能」である。筆者も同感である。同氏は次のように説明する。

「『ああいうテロリストと交渉である取引などできるものか。何しろ相手は気が狂っているんだから』と決めつけるのは最も容易な結論である。彼らの行動には、我々の目から見てもそれなりの理由というものがあり、それは当然のことである。彼らの行動と要求との間に論理的なつながりがある限り、我々は相手（テロリスト）に対して、自分たちのペースで取引である『交渉』ができる。

これまでに数え切れないほど何度も誘拐犯人を相手に交渉を重ねてきたある有能な交渉者は、こう言っている。世界中の大企業と契約を結び、その重役が誘拐されて身の代金を要求されたとき、先頭に立って犯人との交渉に当たってきた人物である。

『彼らは、みな理性的ですよ。なぜならば、交渉するではありませんか。どんな人間でも、しっかりと損得の算段はできるのです』

決して簡単にはあきらめないことである。あなた自身を相手の立場に置き換えて、正直に自問自答すべきである」（"Getting Past No"〈by William Ury〉参照）

テロリズムの三つのメカニズム

次にテロリズムの三つのメカニズムに触れてみたい。

一つめが心理学で言う**「心の操作」**であり、二つめが**「効率の追求」**、三つめが交渉を通しての**「交換」**のメカニズムである。

まず、「心の操作」であるが、テロリズムは恐怖という手段を使って、直接的また間接的に国際世論の関心を獲得して、その国際世論を利用し、敵に圧力をかけることによって、目的を達成しようとするのである。国際世論を操作するのが宣伝であり、メディアを使用し、敵の恐怖心を煽り立てるのである。また、その恐怖によって敵が見境を失って起こした残虐行為を逆手にとって宣伝し、いかに人々の心を操作するかを追求するという。

次に「効率の追求」であるが、テロリストたちは最小限の力で最大の恐怖を引き起こし、いかに自分たちのゴールを達成するかを追求するという習性を持っている。軍事は無論、政治、経済、宗教、外交、文化、社会や教育の全ての分野を統合して、ありとあらゆる計画と戦略を用いて、奇襲によって目的を達成する。そのために、まず秘密裏に組織化を推し進め、統合的な計画や戦略を立て、技術を革新し、教育と訓練を徹底する。

最後が「交換（交渉）」の法則である。テロリズムは安全と政策の変更とが恐怖を媒体として交換されるシステムである。テロリストは、社会や組織あるいは市民に対して、交渉のカードをちらつかせ、「安全の確保を望むならば政策を変更せよ」と政府に訴える。すなわち、ブラックメール（脅迫状）型の「脅しの交渉」である。これは強制的につくられた交換条件である。この場合、経済活動における金銭と同じ役割を果たすものが「恐怖」である。交渉の分配交換の率は恐怖の大小による。テロリズムは、敵を脅して追い払う、および気後れさせて政策を変更させることを本質とする。

したがって、テロリストと交渉をする場合には、彼らとの直接交渉ではなく、テロリストに最も近い関係者であり、彼らと接触や連絡の取れるミディエーターを使用し、**間接交渉を通した問題解決を目指すことが必要**である。

犯罪交渉の専門家

次に、テロリストと交渉を行う際の対策について述べてみたい。テロリストが行う拉致・誘拐事件の際には、通常「テロ特殊部隊」の突入に頼らず、巧みな交渉術の訓練を受け、しかも頭脳を使って事件を解決に持ち込む専門の交渉者、すなわち「ネゴシエーター（犯罪交渉人）」が存在する。彼らはプロフェッショナルであり、信頼関係を築き上げ、人質を取った犯人と当局双方の中間的立場を保ち、お互いに打開策を求めプラス思考で交渉をしていく。

人質が関係する拉致・誘拐事件では、必ずネゴシエーターが投入される。ネゴシエーターはほかの警察官とは違い、電話を武器に現場に臨む。また、対人コミュニケーションに基づく対話を通してテロリストを投降させ、人質を無事に解放する交渉の専門家である。

ネゴシエーターは現場に到着すると、それまでに与えられた情報を基にテロリスト像を分類する。相手の正体が分からないようでは、まともな交渉ができないからである。

まず、テロリストを以下のように分類する。いずれのタイプであるかを最初に判断し、それぞれに見合った交渉に臨む。

最も多いのが、**「実利目的の犯罪者」**であるという。復讐のために拉致や誘拐をする場合が多い。いずれの場合にも、保身を前提にして行動し、自らの姿を公の場にさらすようなことはない。

二番目のタイプは**「精神的問題者」**である。彼らは自分の起こす犯行には正当な理由があると勝手に思い込み、判断するタイプが多い。例えば、自分を敗北者として捉え、社会に反発する不適正人格者、良心や犯罪感が欠け、社会的道徳や価値判断が通用しない反社会的人格者などが挙げられる。このタイプが拉致、誘拐を実行する場合、交渉の場につく可能性は少ない。また、快楽殺人目的といった己の快楽を追求する場合や、自分の存在をアピールすることを目的とする場合も同じだといわれている。マスコミや報道関係、それに警察に挑戦状は出しても、多額の身の代金を要求することはない。

最後のタイプが**「国際テロリスト」**である。彼らは高度に訓練され、用意周到に計画を練り上げる。しかも、彼らの要求は警察では解決することは不可能であり、国家やほかの国々、それに国際社会を巻き込む重大事件に発展する。

以上、テロリスト像把握が完了すると、それぞれに応じた策を用いて、ネゴシエーターは交渉を開始する。犯罪者の場合には、身の安全を保証しながら交渉に臨み、不適正人格者であれば、敗北や劣勢な立場を意味する言葉を使わず、穏やかに直接・間接交渉を継続していく。

テロリストと人質の間に生まれる「信頼」

交渉は、常に気の遠くなる時間を費やすロング・ワインディング・ゲームである。これは、**対人コミュニケーションを通して、信頼関係を構築する**ためである。互いの信頼関係がなければ騙し合いになり、人質が安全に解放される可能性は極端に低下してしまう。時間を有効に使うことによって、テロリストは感情の高ぶりを抑え、理性的に話し合いを交わすようになってくる。

同時に会話によって、人質との間に「ストックホルム・シンドローム」を誕生させることが可能となる場合もある。ストックホルム・シンドロームとは、テロリストが人質に好意を抱き、最終的には双方共に信頼関係に近い感情に支配されてしまうことである。言い換えれば、テロリストと人質の間にいつしか生まれる一種の連帯感のことである。お互いに依存し合い、緊迫した生活を送っている間に、信頼が生まれてしまうのである。人質事件で、捜査当局が慎重に捜査を進め、交渉を長期戦にもっていくのはこのためである。シンドロームを助長させ、テロリストに人質に対する好感を抱かせるのである。

ちなみに、ストックホルム・シンドロームは一九七三年にスウェーデンのストックホルムで実際に起こった銀行強盗事件から名付けられた。人質となった女性が一人のテロリストに感化され、服役後の結婚を約束するまでに至った不思議な事件である。

しかし、捜査隊や特殊部隊にとって、ストックホルム・シンドロームが全ての面でプラスになるわけではないようだ。人質が捜査隊や特殊部隊に対して否定的な感情を持ち、テロリストたちに感化されてしまう危機も同時に起きる場合もあるからである。また、突入の際に人質が邪魔な存在になってしまったり、人質がテロリストを助けようとすることも起きてしまう。上記のストックホルム銀行強盗事件では、人質の一人が当局に対して、電話で「犯人たちは、我々を警察から守ってくれている」と伝えたという。

話を元に戻そう。テロリストとの交渉の場では「人質を解放しろ」とは言わない。**「○○さんの様子はどうだい？」と、固有名詞を用いる**。テロリストに対しても同様で、必ず相手の呼び名を尋ね、相手が望む呼び名で呼ぶようにする。話し方も相手に合わせ、同じレベルで会話を継続させることに努める。

親身な話し合いが続けば、テロリストの要求が変化することもある。最初は多額な身の代金を要求していたにもかかわらず、自分に対して理解を示したネゴシエーターに感謝して、人質を無償で解放することもある。

対テロの犯罪ネゴシエーターの戦法・戦術

次に、対テロにおける双方にとってプラスとなる交渉の基礎を、ハーバード流交渉術を基に説明したい。

テロリストが人質の一部との交換条件として、投獄中の同志の釈放を始め、金銭や武器、それに酒類を要求するケースが多い。大切なことは、**最初に彼らがそれらを要求しても、一切交換は行わない**ことである。最初から彼らの思い通りの交換をすれば、事態を悪化させることにつながるからである。

人質交換も同様である。テレビや映画では、刑事が自主的に人質の代わりになるケースが多いが、これは勧められない。自分の身は保証されないからである。テロリストにとって警察ほど危険な存在はない。人質を交換することは、これまでせっかく築いた絆や関係を崩壊することにもつながるため、良き交渉戦術とは言い難い。

アメリカのＦＢＩ（連邦捜査局）のルールによれば、交渉の「取引」の材料とされる項目は、食事、タバコ、ソフトドリンク類に限定されている。食事は人質とテロリストが「分け合う」必要のあるものを選ぶ。例としては、スープやサンドイッチなどである。ソフトドリンクも同様に、ボトル入りの製品に限定し、グラスで「分け合って」飲ませることになっている。これらの戦術は、ストックホルム・シンドロームを助長させるための作戦であり、**人質との連帯感や絆である「信頼」を芽生えさせる**目的で用いられる。

また、人質にとってテロリストは、生殺与奪の権利を握っている絶対者である。その絶対者を受容し、同調することによって生き延びようとする心理機制もある。

交渉は、気の遠くなる任務である。しかし、人質も交渉を通して道が開けるという希望を捨てないことである。**「交渉は人を動かす」**からである。

「九・一一同時多発テロ事件」は未然に防げた

二〇〇一年に、ニューヨーク、首都ワシントン、ペンシルバニアで起きた同時多発テロ事件は、主に二つの事柄がうまく進展していたならば、未然に防げた可能性が高く、また早い段階で計画が暴かれ、テロ犯逮捕もあり得たのである。そこには、**米国のFBIとCIA（中央情報局）、それに日本の外交当局の動きがあった**。

■テロリストを逃したFBIとCIA間の交渉問題

『ニューズ・ウィーク』は二〇〇二年六月一二日号でスクープした「テロリストを逃がしたのは誰だ」の中で、**FBIとCIAとの「縄張り意識」がなく、双方の情報交換を基にした「交渉」がスムーズに運んでいれば、同時多発テロ事件は起きなかった**ということを報道した。その内容とは、事件が起きる一年九カ月前から、二人のアルカイダ工作員がアメリカ国内で堂々と暮らしており、CIAはこの情報を知りながら、FBIなどに警告しなかったということである。

FBI側も、テロリストがアメリカ国内にいること、それに何度も出入国できたことを知らされたのは、ごく最近だと主張。「二人のテロリストの情報を早い段階で入手していた場合には、捜査がどのように進展し、いかにしてテロ計画を摘発できるかを示すチャートまで作成しただろう」という。またあるFBI職員は、**「テロリストの情報を入手していれば、まちがいなくハイジャック犯一九人全員を事前に特定できた」**と述べた。

そして悲劇が起こったのである。まずCIAはマレーシアの情報機関に対し、マレーシアのアルカイダの集会を監視するよう依頼した。この集会に参加した工作員のハリド・アルミダルとナワフ・アルハズミがアメリカン航空七七便で国防省に突っ込んだテロの実行犯である。マレーシア当局は、この二人の名前と写真を含んだ詳しい情報をCIAに渡していたのである。そしてCIAは、二〇〇一年八月二三日になって、ようやくこれら二人のアルカイダ工作員をテロリスト監視リストに加えるべきだとする警告を関係当局に送った。この対応は遅すぎたのである。

一九人の工作員が旅客機四機を乗っ取り、史上最悪のテロ攻撃を行ったのは、それから三週間後であった。「FBIの大失態に続いてCIAの極度の秘密主義が発覚。同時テロを許したのは治安当局の連帯不足だった」ということである。

（Newsweek, June12, 2002 参照）

■日本の交渉次第で事件が起こらなかった可能性も

「同時多発テロ事件」以前から、「アフガニスタン和平」に向けた独自の外交交渉を続け、努力していたのは、アメリカやEUではなく、実は日本であった。この交渉、それにミディエーションが成功裏に終わっていたならば、事件は起こっていなかった可能性が高い。なお、残念ながら日本がアフガニスタンの和平の実現に関わってきたことは、日本国内ではあまり知られていない。ここでの日本側の交渉とミディエーションの動きを追ってみたい。

二〇〇〇年三月に、日本はアフガニスタンを実効支配するイスラム原理主義勢力「タリバン」と、反タリバン連合である「北部同盟」、それにザヒル・シャー元国王の側近を個別に東京に招き、和平協議を行った。

続いて二〇〇一年四月、タリバンと北部同盟を直接テーブルにつけようと、両派を東京に招く。しかし、この和平工作に対して、北部同盟は国連の参加を条件にすることを提案した。一方、タリバン側は「国連が関与する対話には参加できない」と反対し、実現できなかった。

その一方で、国連難民高等弁務官事務所（ＵＮＨＣＲ）などが中心となって行っているパキスタンからアフガニスタンへの「難民帰還再定住計画」が、日本のイニシアティブで始まった。日本は、「国連アフガニスタン特別ミッション」にも要員を派遣し、国連の「和平努力」を積極的に支持していた。財政面でも、ソ連軍が侵攻した一九七九年以降、国連機関を通して行った「対アフガニスタン支援」は総額四〇〇億ドル（約四八〇〇億円）を超える額であった。一連の和平外交を通して、日本は「国民各層の支持を得た政府の樹立」を模索してきたのである。

こうした取り組みをしてきた理由には、「アフガニスタンはイスラム原理主義勢力の巣窟という面があり、アフガニスタンが安定しないと中央アジア、周辺諸国も安定しない」（外務省幹部）という認識に基づき、アメリカなど主要国が手薄な地域で独自外交を展開できると読んだことがあった。

しかし、タリバンと北部同盟の対立は変わらず、内線終結の目途が立たない状況が続いていた。そこに起こったのが「同時多発テロ事件」であり、対タリバン攻撃が始まったのである。テロの首謀者であるオサマ・ビン・ラディンをかくまっていたため、タリバンは国際社会から孤立。アメリカはタリバン政権の打倒を目指すこととなり、その影響を受けて日本の目指していた外交が頓挫《とんざ》したのである。この期間、和平に向けた前進がまったく見られなかったことも、日本外交の非力さを印象付けたといえる。

グローバル・アライアンスを築く

新しいテロリズムに対抗するためには、これまで国民国家の枠を外すことのなかった旧式の、または古典的なテロリズムに対するノウハウや技術だけでは不十分である。

国際社会におけるテロ防止のための努力の一つが、国際条約の策定である。具体的な協力方策としては、一九九六年の七月三〇日にパリで行われた「パリ・テロ対策閣僚会議声明」が参考になる。ここでの詳述は省くが、国内各政府機関の相互協力の促進、テロリストの抑止、訴追および処罰、亡命、国境および渡航文書の取り扱い、国際条約およびほかの取り決めの拡充、テロリストの資金調達、テロリズムに関する情報交換などについて具体例が示され、詳しく述べられている。

ただし、新型テロに対しては、冷戦時の国家中心型志向から踏み出し、新しい角度から社会を守る、人々の安全保障を考える、という視点や態度、それに行動が必要である。なぜならば、同時多発テロ事件を見ても分かるように、**テロリストのほうがとっくに国境を超えてグローバル化している**にもかかわらず、一部の政治家や関係者はいまだに国民国家強化路線に回帰することで、新しいテロに対処できると考えているからである。

新型テロに対しては、一国で対抗しようとしても、サイバーテロに機関銃で立ち向かおうとするようなもので、まったく意味がない。テロはもはや、国民国家の存続という次元の問題ではなくなったのである。

人々の安全保障とどう向き合っていくのかという問題を考えるならば、多様な分野の人材活用が必要である。例えば心理学の分野の研究者のみならず、政治学者、交渉・紛争マネージメント研究者、経済学者、歴史学者や社会学者、それに人類学者や科学者も動員すべき時期に達したのである。トランプ政権におけるテロ対策でも、そうした人材を登用し、方策を見極めるべきである。

これからは、テロを国家、権力の正統性に挑戦する反国家、反権力と見なすスタンスから、**社会や文化存続を根底から破壊するウイルス**と見なし、社会全体の協力のみならず、上記に示したあらゆる分野の各国研究者、それに治安機関の関係者との間の信頼醸成は無論、情報交換や交流を通しての「グローバル・アライアンス」が必要である。

二〇一五年になってようやく、国連決議によって編成される多国籍軍とは異なり、有志で集まった国々が平和維持活動や軍事介入を実施することとなった。（朝日新聞二〇一五年二月三日号「有志連合」参照）。また二〇一七年三月に入り、テロを阻止を目的とした米国や日本主導の六八ヵ国と地域代表で構成される閣僚会議が開催された。その目的は過激派テロ組織の「イスラム国（ＩＳ）」による卑劣なテロの撲滅にある。今後、米国などが主体となり掃討作戦を展開する。米国のレックス・ティラーソン国防長官は、「イスラム国を地球規模の脅威と位置づけ、テロ根絶に向けて結束してゆく」と強調した。（読売新聞二〇一七年三

月二六日号社説「『対イスラム国』有志連合の結束で壊滅目指せ」参照）

「民間外交」がテロ撲滅の鍵を握る

前述の松永信雄氏は、「外交交渉では、どんな友好国であっても時に対立するのは当然だし、常に相手は手強いと考えて当たらなくてはならない。そんな中にも喜びは尽きない」という。その理由は、交渉相手の人柄や見識に触れたり、友情に接したりする機会が得られることからであるという。

歴史的に「交渉」や「調停」と聞けば、主に外交官による外交交渉を意味することが多かった。しかし二一世紀は、元米国務省グレン・フィッシャー氏や神田外語大学異文化コミュニケーション研究所の和田純氏らが提唱するように、**「民間外交」の時代**である。すなわち、一般市民が従来の外交官に代わって交渉の役割を果たす機会が増大傾向にある。

そこではテロとの交渉は無論、ＮＧＯ（非政府民間公益団体）やＮＰＯ（非営利民間団体）が主体になったり、世代間、民族間、それに異文化間との交渉とミディエーションが増大したりすることは確かである。

二〇〇二年七月に米政府のコミュニケーション局長は、ブッシュ政権に対して、テロ撲滅のためには、「民間外交」のコンセプトに基づいた米国の対外政策の見直しが必要であることを提唱した。特に、国務省が七週間にわたって行う外交官養成プログラムの中に、民間外交の育成プログラムを導入する必要性を強調した。また、予算も当時五〇〇万ドルしか計上されていなかったため、大幅アップを要求。これにより米国政府も、貧困を退治し、交渉力とミディエーション力を培うことと共に、**異文化を理解する方法を探さなければ、テロ撲滅を達成できない**ことをようやく理解するようになった。

「九・一一同時多発テロ事件」の七つの教訓に学ぶ

「同時多発テロ事件」は、我々に次の七つの教訓を与えてくれた。以下、これらを個別に取り扱っていくが、互いに関連する箇所があることも明記しておきたい。

①「宗教」の名で暴力を正当化する人物が現われた

我々は急速な産業化時代を超え、既存の現代文明を後ろに追いやっている。そして世界の舞台では、さまざまな力の衰退と対照的に宗教が台頭している時代を生きているわけであるが、未来学者であるアルビン・トフラーは、「もし我々が注意を怠れば、これが前兆となって、現代文明の前に存在していた、栄光には程遠い、過去の幾つかの姿に立ち戻ることになりかねない。宗教は、それ以外の地球規模の力の持ち主に比べて、桁外れに多くの狂信者と狂信行為を生んできた。〈中略〉我々の敵は、イスラム教でもキリスト教でも、あるいはヒンドゥー教でも、仏教でもユダヤ教でもない。それぞれの宗教の内部の原理主義者の中でも狂信的過激派の細胞である。本来、宗教に宿してはならない寄生虫である」と述べている。（Alvin Toffler, The Daily Yomiuri 参照）

そして、各宗教がその奥に巣食う原理過激主義の中枢を暴露し、追放し、公然と破壊し、完全に自浄を終えなければ、その宗教自身の正当性さえ危ないという点を忘れてはならない。特に、**民族と一神教にまつわる宗教というテーマの存在は重い。**一神教は、砂漠地方に起源をもつ宗教である。この一神教を信仰する中東の人々の宗教に対する非妥協性は、宗教の多様性を容認できる日本人（例えば、日本文化に見られる結婚式は神道で行い、葬儀は仏教で行うという宗教慣習に対する寛容性など）には理解が難しい。

②二一世紀になっても文明には二つの側面が存在する

このことから学ばない限り、将来起こりうる悲劇を予測し、それに対応、対処する十分な備えができないことは確かだ。一つには、近代のユニバーサルな価値観を目指す「グローバリズム」であり、もう一つは、前述に関連する宗教と民族を基盤としたエスノセントリック的（ほかの文化価値を認めない固有な価値観）な側面である。

グローバリゼーションという名の市場主義がもたらした貧富の差は、多くの先進国以外の人々にとっては脅威であり、精神的不安材料でもある。国連の統計によれば、世界で一番所得の高い上位二〇%の人たちと、所得の少ない下位の二〇%の人々との所得格差は、一九六〇年には三〇対一であったが、一九九〇年には六〇対一になり、二〇〇〇年には九〇対一になったとされている。同時多発テロを起こした国際テロの歴史的なバックグランドを探求し、その病巣を摘出するためにも、このような文明論的視野に立って、これからの歴史の動きを見定めることが必要である。

③危機情報の収集が最優先課題である

②のためにも、この事件の悲劇はどこから生まれたかを考えなければならない。ここには重要なポイントがある。まずは物事を行うタイミングと時間の問題であった。言い換えれば、「大惨事」「大災害」の**情報を事前にキャッチすることが最優先課題**である。これについては、それまで主にアメリカで行われてきた以上に緊密な行政（政府）と企業（民間）やNGO、一般市民との協力関係や、調整が必要となってくる。このためには、「ネゴシエーション力」と「ミディエーション力」が必要なことは言うまでもない。そして、その場合には人的、組織的、社会的、公的、私的な要素が鍵を握っているのであり、科学的技術ではないことを忘れてはならない。

④事件は計画された犯行であった

我々は**この事件が常軌を逸した幻想のようなものであるという考えを、拭い去らなければならない**。悲劇は行き当たりばったりに起こったのではなく、計画的な犯行だったのである。これまで我々が協調を基に築き上げた、例えば経済システムも、時としては崩壊する可能性がある社会や世界を創り出してしまったのである。

⑤テロは自然災害と同規模のリスクになり得る

「人為的危機」というクライシスが、スケールと重要さにおいては、リスク管理分野である「自然災害」と同規模になる場合もあると知る必要がある。

⑥アメリカでさえも危機予知の力は不十分である

この事件では、スーパー・パワーであるアメリカでさえも、すぐれた危機予知や準備システムを持っていないことを世界にさらけ出した。

アメリカは科学技術では他国の追従を許さないが、危機予知の組織としてはトップとはいえない。例えば前述したように、FBIやCIA、軍隊などは個々としては優秀ではあるが、テロリストの攻撃の可能性についてはもっと情報の分析が必要であったにもかかわらず、相互の協力・情報交換の面においては不十分であった。

元CIAのテロ対策局長のビンス・カナスタロラ氏は、世界貿易センター爆破事件の容疑者であるユセフ受刑者を、「成田空港を何度も下見し、弱点を知り尽くしていたはずで、飛行機の構造も熟知していた人物である」と述べている。なお、読売新聞が入手した内部資料によれば、ユセフは、アジア各国の空港を経由してアメリカに向かう大型旅客機一機を太平洋上で同時爆破し、その混乱に乗じて別の一機がアメリカのＣＩＡ本部に突入するという「自爆テロ」を決行する予定だったという。しかも、その後の暗殺計画のターゲットには、ローマ法王ヨハネ・パウロ二世の名前が記録されていたという。（読売新聞二〇〇二年一月二四日号「成田発幻のテロ計画」参照）

また、ＣＩＡのガビン氏は「テロ組織であるアルカイダのテロリストは冷酷で、破壊するまで何度も同じ標的を狙う。この計画が同時多発テロの前兆だったことに、ＣＩＡもＦＢＩももっと早く気づくべきだった」と述べている。

⑦「縄張り意識」が大事件を起こす要因となる

最後にいえることは、スーパー・パワーのアメリカが、イスラム社会や文化に対する地域研究や研究者の育成に力を注いでこなかったことである。すなわち、ＣＩＡやＦＢＩ同士が互いの縄張り意識を捨て、協力的に情報収集を行ってこなかったことが同時テロ事件という前代未聞の大事件を起こした要因であったということである。

ロジャー・フィッシャー氏が筆者に次のように述べたことがある。

「原則に基づいた交渉術は、交渉事項は一つであっても、二つ以上であっても、多者間であっても、テロリストやハイジャック犯人との取引であっても適応できる。**相手がたとえ、タフ・ネゴシエーターであっても、強引な交渉者であっても、また友好的な交渉者であっても応用は可能**である」

つまり、当時のブッシュ政権の「タリバンとは交渉しない」という方策は、ハーバード流交渉術の視点から見れば、疑問が残る声明文であるという。アメリカの最大の「関心事」が、オサマ・ビン・ラディンの身柄の引き渡しにあったのなら、それを出発点として交渉を始め、先述したステップに基づき交渉を進展させていったのならば、交渉は平和裏に終わったかもしれない。また、ブッシュ大統領が自らタリバンとの交渉の席についていたのなら、世論に対する良いイメージや高いステータスといったものを彼らに与えることができ、事態はポジティブな方向に進展していたかもしれないというわけである。

我々は二一世紀という、複雑で高度であり、また対立や紛争問題に満ちた時代を生きるに当たり、一つの覚悟をするしか方策はなさそうである。それは、**ミディエーションも含む交渉力を身につけること**である。

第六章

「交渉の世紀」を生きる

――これからの世界の動向・地政学の変化

「交渉の世紀」を象徴するトランプ氏

二〇一七年一月二〇日、ドナルド・J・トランプ氏が、第四五代目の米国大統領に就任した。交渉者としての彼は、先にも述べた通り、ボクシングでいえばヘビー級ボクサー（身長一九〇センチ、一〇七キロ）であり、最も手ごわい**世界最強のタフエスト・ネゴシエーター**である。その名のごとく、さまざまなカード（トランプ）を展開しながら、自分側（アメリカ）にとって有利になるように交渉を進めていく。

本章では、二〇一七年二月一〇日に行われた日米首脳会談の分析を中心に、彼の交渉スタイルや特徴、外交に対する姿勢、日本に求められる対応などを述べていく。世界のリーダーとしての彼の登場により、**世界の動向や地政学は大きく変化していく**だろう。その交渉術を読み解くことは、一時的な国際関係への影響を知ることにとどまらず、これからの社会において「交渉」がどんな役割を果たすのかを考えることとなる。

トランプ政権基本政策の骨子

まず、トランプ氏の基本政策を考えてみたい。要約すると次の六つである。

①貿易

通商・貿易協定などに違反した国には厳しく対処する。

②外交

対外政策はハードパワーの「力の外交」。イスラム国やほかの過激派イスラム組織は撲滅する。冷え込んだ米露関係の再構築。そのために制裁の解除。一方では、中国大陸と台湾を同じ国に戻す「一つの中国」の原則。しかし他方で、台湾は米国同様に民主主義国家であるため、米国はいつでも台湾政府とは電話対談をはじめ、二ヵ国間の相互の外交渡航などを続ける。

③米国の雇用

二〇〇七年からの一〇年間で新たに二五〇〇万人の雇用を創出する。法人税を三五%から一五%に引き下げる。規制も緩和し、貿易相手で不法・不公正な取引慣行の国があれば対抗し、結果を報告する。

④国防（軍）

ほかの国々が米国の軍事力を上回ることがあってはならない。北朝鮮やイランなどの国々からのミサイル攻撃に備えるために、最新鋭のミサイル防衛のシステムやサイバー能力を構築する。また、兵力増員により雇用も創出。

⑤エネルギー対策

米国の資源を最大限利用する。シェールガス革命も押し進める。OPEC（石油輸出国機構）などのエネルギー依存から脱却。

⑥司法（治安）

全ての米国民の安全確保のために戦う。暴力・犯罪の削減に取り組む。メキシコなどとの国境に壁を作り、不法移民・ギャング・麻薬組織の流入を防ぐ。暴力犯罪歴のある者や不法移民は即国外に追放する。銃所持の権利は従来通り認める。

揺らぐ国際協調

「米国第一（アメリカ・ファースト）主義」の下、トランプ政権は、外交・通商などの面でバラク・オバマ前大統領が進めてきた国際協調とはかけ離れた流れに反転させようとしている。外交において交渉のディール（取引）を好んだ大統領はこれまでも存在した。ただ、トランプ氏の危険な点は、世界の平和や自由を支えようとするリベラルな思想や、使命感がないことだ。

かつてのジョン・F・ケネディ大統領が、大国アメリカのリーダーとして、時に世界の若きリーダーとして、さまざまな「改革」に挑戦したのとはあまりにも対照的である。ケネディはリベラルな思想をもった大統領であり、ソ連との交渉を通して核戦争の危機から世界を救った（詳しくは拙著『ケネディの言葉――名言に学ぶ指導者の条件』〈御手洗昭治編著／小笠原はるの著、東洋経済新報社〉を参照されたい）。

トランプ氏は**「米外交はディールメーカー（交渉者）の手に委ねるべきだ」**とも発言した。大統領就任後もホワイトハウス報道官に対し、**「全ての米国の取引は、米国の労働者、製造業、サービス業を第一に据える」**と公言した。そして、国家通商会議（NTC）を設立し、代表者にカリフォルニア大学の教授、ピーター・ナバロ氏を指名した。ナバロ氏は、中国製品の流入による米国経済の衰退に警鐘を鳴らしており、自らの著作である『中国による死』を基にした映画の製作者でもある。映画では中国製のナイフが星条旗のカラーに彩られた米国の大地に突き刺さり、血がほとばしる場面が描かれている。トランプ氏はナバロ氏の書を読み、明快な議論と徹底した研究に感銘を受け、中国批判を繰り広げたのである。

トランプ氏は、**「アメリカは強いぞ。交渉には自分や自国を優先するから、覚悟をしておけ」**と挑発する。ボクシングにたとえると、最初に「ジャブ」で揺さぶりをかけながら攻めるのではなく、いきなり二度の「フック」のパンチで攻め、「ジャブ」に切り替える「ヘビー級ボクサー型交渉スタイル」に映る。また、相手から有利な条件を引き出すために、彼独自の**「脅しのテクニック」**を使い、相手の出方によって譲歩を引き出そうとしているのかもしれない。

その名の通り、さながらマジシャンのごとく、五二枚のカード（トランプ）を使用しながら相手を吟味しているように思える。相手の交渉者に対しても、好き嫌いがはっきりしており、嫌いな相手にはジョーカーを引かせる戦略も心得ているのかもしれない。大統領就任演説では、「今日から新しいヴィジョンがこの国を支配する。『アメリカ・ファースト』で、貿易、税、移民、それに外交の決定を下す」と語り、公約通り、メキシコ、カナダと「NAFTA（北米自由貿易協定）」の再交渉を行うことを一方的にホームページ上で発表した。両国はジョーカーを引かされる可能性もある。

交渉のパイプが引き寄せた縁

トランプ氏の大統領就任を受けて、日本政府が交渉する際に一番困ったことは、日本の関係者にはトランプ氏との「直接的な交渉のパイプがなかった」ことである。国内同様、グローバルな外交舞台、ビジネスの商談においても、**パイプがあれば交渉を有利にすすめる**

ことができる。ただし、ここで日本政府にとって幸いだったのは、トランプ氏の長女イヴァンカ氏の夫、ジャレッド・クシュナー氏と、ワシントンにある日本大使館の関係者との間につながりがあったことである。その結果、大統領選挙直後に安倍晋三首相が、先進首脳国代表のトップバッターとして会談できたのである。両氏の間で個人レベルの新たな縁が生まれた。

アメリカの国際政治学者で米外交問題評議員会上級研究員のシーラ・スミス氏は「日米の同盟とアジアでの戦略的試みに関する対話の始まりとしては上々だった」、また、「会談は、トランプ氏の新たな役割、安倍氏の外交手腕、そして究極的には、日米同盟の『回復力』に対する重要なテストだった」と指摘する。ちなみに、トランプ氏はそのテストの審査員に自分が最も信頼を寄せているイヴァンカ氏とクシュナー氏を同席させた。トランプ氏は、隙のない手ごわい戦略型交渉者でもある。

これに関連して、前述の松永信雄氏も、「外交交渉ではどんな友好国であっても時に対立することがあるのは当然だし、常に手ごわいと考えねばならないという。そんな中にも喜びはつきない。その一つは、交渉相手の人柄や見識に触れたり、友情に接したりする機会が得られることである」と述べている。（日本経済新聞二〇〇一年二月一九日号「私の履歴書：交渉相手」松

（永信雄、読売新聞二〇一七年一月五日号「論点」〈トランプ氏「日米同盟」理解を〉参照）

ソフトバンク孫社長の対トランプ交渉

安倍首相に続いてホームランを放ったのが、ソフトバンク・グループの孫正義社長である。孫氏は二〇一六年一二月六日にトランプ次期米大統領とニューヨークの「トランプタワー」で約四五分間会談した。両氏が顔を合わせるのは初めてであった。この会談も両氏の共通の友人を通して実現したという。

その際、孫氏はトランプ氏に対して、米国において総額五〇〇億ドル（約五兆七〇〇〇億円）をＩＴ（情報技術）分野を中心にした新興企業に投資し、五万人の雇用を生み出すと約束し、トランプ新政権で米経済が成長し、事業機会も拡大すると期待感を語った。また、孫氏は記者団に「我々はもう一度、米国で積極的に投資すると話した」と語った。

トランプ氏はソフトバンクの投資計画を「大歓迎だ」と応じた。トランプ氏が大統領選後に日本企業経営者と会談した意義も、日米両国の絆を強化する上においてメリットは大きい。会談後、トランプ氏は孫氏と共にトランプタワーのロビーに現れ、孫氏を「業界で最もすばらしい男の一人だ」と称えた。ツイッターでも、「マサ（孫氏）は『トランプ氏が選挙で勝利をおさめていなかったのなら、こんなことは決してしなかっただろう』と言った」と投稿している。（ＮＨＫニュース〈二〇一七年二月八日〉参照）

今後の日米間の争点

トランプ氏は、ほかの国々について、安全保障面の関係より貿易の交渉相手と見る向きが強いのが特徴である。日米間の争点があるとすれば、次の三つに要約できる。

①アメリカのＴＰＰ（環太平洋戦略的経済連携協定）離脱
②日米二国間貿易
③日米同盟

①と②に関しては、この後で詳しく述べる。③に関して、トランプ氏は日米の安全保障条約を不公平とし、在日米軍駐留経費の負担の引き上げを要求。米軍の日本からの撤退もほのめかした。ただし、**日本の米軍駐留費用の負担額は約七六〇〇億円と、同じく米国の同盟国であるドイツの一八〇〇億円、韓国の一〇〇〇億円と比べ、飛び抜けて高い**ことが判明。負担割合でも、ドイツの約三〇％、韓国の約四〇％に対し、日本は約七六％である。韓国と日本を訪問したジェームズ・マティス国防長官も記者会見で、「日本がモデル」と発表した。

現実性にかける「国境税」の導入

トランプ氏が、大統領就任前に、トヨタ自動車に対してメキシコ工場新設の撤回を求める内容をツイッターに投稿し、波紋が広がった。投稿内容は「トヨタ自動車は米国向けのカローラを生産するため、メキシコ・バハに新工場を建設すると言っている。ありえない。米国に工場を建設したいのなら、巨額の国境税を支払うべきだ」であった。

これはアメリカの輸入品に対して法人税を名目で課税する手法である。米国の法人税率は三五％で、これを一五％に引き下げるとトランプ氏は主張しており、その一環として導入を模索していた。輸出企業を優遇する補助金ともなり、企業にとっては米国外よりも米国内で生産した方が有利になる。

なお、トランプ氏が一方的に単純な関税引き上げに働けば、世界貿易機構（ＷＴＯ）など国際的な協定の違反になる。ちなみに、法人税を使った手法を採用している国はこれまでのところ皆無である。その現実性に疑問符が付くからだ。実務面では、米国から輸出すると見せかけて法人税の還付を受け取るという不正の横行は避けられない。米国経済にとっても、例えば中国製品などを輸入する小売業が打撃を受け、かえって国内雇用や消費に悪影響を与えることになる。トランプ氏の案は、「言うは易し、行うは難し」である。

大統領就任後、トランプ氏は「アメリカ国内に輸出される日本車に対し増税をかける」と発表した。それに関してトヨタ自動車の豊田章男社長は、まず、米国メディアを通して「（トヨタは）今後わずか五年でさらに百億ドル（約一兆六〇〇〇億円）をアメリカに投資する予定」と、アメリカへの投資と雇用促進をアピールした。

次に、元インディアナ州知事のマイク・ペンス副大統領と会談した。その理由は、トヨタはインディアナ州に工場を持っているためだ。また同州には、ブリヂストンも進出している。豊田氏は記者会談で、「我々に耳を傾ける方が副大統領にいることは、大変ありがたく心強い」と述べた。豊田氏はペンス副大統領について、「トヨタがインディアナの土地でいかに地域に愛される会社かを理解し、応援いただいた方」と述べ、トランプ政権については、「自動車会社だけでも、行政だけでも地域を幸せにすることはできない。地域の繁栄のために得意分野で協力し合うことが大事だ」と**「ウィン・ウィン」の協調**を探りたいという考えを示した。（読売新聞二〇一七年一月二四日号「トヨタ社長、ペンス副大統領就任に『心強い』」参照）

米国のＴＰＰ離脱を撤回させるためには

トランプ政権は二〇一七年一月に、ＴＰＰ離脱を参加国に通知し、日本を始めた一一ヵ国と個別に二国間貿易協定を結ぶための交渉に移行することを発表した。これを受け、ＴＰＰに反対を訴え続けていた日本国内の農業関係者が戦々恐々としている。これまで農産物輸入について二国間交渉で米国側の圧力に屈していたことがその原因である。

また、米国の農業団体がＴＰＰ離脱に不満を募らせていることもあり、トランプ氏はＴＰＰで取り決められた農産物について、これまで以上の市場開放を要求するのではないかと考えられる。例えば、米国産のカリフォルニア米やコシヒカリ級の品質の米が今まで以上に日本国内市場に入ってくれば、日本米の米価は下落することは確かである。米国産の農産物は日本国内の農家にとっては脅威である。米国の農地平均面積は日本の七〇倍もあり、米六〇キロ当たりの生産コストは、日本の一万五四〇〇円に対し、二二〇〇円と七分の一にしか過ぎない。安い農産物を大量生産できるのである。

オバマ政権時代に合意されたＴＰＰでは、日本側が国内農家を保護するため、米や牛肉、豚肉などを「重要聖域の五項目」と位置付けた。しかも一部品目について輸入制限をし、関税も残すという特別措置が取り決められた。しかし、オバマ政権の政策を真っ向から否定するトランプ氏の下で**二国間交渉がスタートすれば、米国側はさらなる要求をしてくる可能性もある。**

ところで、クリントン元大統領が知事を務めた南部のアーカンソー州などでは、日本の一級品の米が生産されていた。そこで対抗提案である。アメリカには日本とは比べものにならない農地が存在しているので、日本の農家がそれらの農地を借り上げ、現地の人々にコシヒカリ、その他の一級品の米を生産してもらい、日本に輸出してみてはどうか。

筆者は何度か中西部のコーンベルトを訪問する機会があった。例えば、ネブラスカ州、カンザス州や、土地の肥えているアイオワ州では、小型飛行機やセスナ機を使用し、トウモロコシの種などを蒔いている。そうした手法で、より効率的に生産できるのではないか。

この案が実質的に日本の農家を救うかどうかは別として、**対抗提案やオプションを考えることが必要**だということである。二国間交渉となれば、トランプ政権はTPPで合意した水準を最低のライン（ボトム・ライン）として、牛肉や豚肉の関税を撤廃してくるかもしれない。長い目で見れば、TPPはアメリカにとってもメリットがあると筆者は考える。アメリカを除いた一一カ国が結束し、これまでTPPで取り決められた条約を基に交渉を続ける姿勢を見せ、有効なオプションなども提示しながら説得すべきである。

日本はトランプ政権のターゲットなのか

トランプ氏の日本、中国、北朝鮮に対する交渉姿勢を要約すると次の特徴が浮かびあがる。

①対中国には強硬姿勢

トランプ氏は、中国専門家のナバロ大統領補佐官のアドバイスを受けてか、通商や通貨為替問題など、中国に対しては名指しで攻撃しており、南シナ海問題でも強硬態度をとっている。しかしながら、通商・通貨問題で中国が要求を飲むのであれば、安全保障問題では多少譲ってもよいという考えも持っている。

②北朝鮮問題は丸投げ

オバマ前大統領が、最も切迫した脅威に北朝鮮を挙げ、核やミサイル開発に対応しないと大変な事態になると力説したのに対し、トランプ氏は「北朝鮮問題は兄貴分にも当たる中国に解決させる」と丸投げの態度を変えていない。一方で、二〇一七年二月の日米首脳会談期間中に北朝鮮が弾道ミサイルを発射したことに対し、トランプ政権は、在韓米軍への最新鋭ミサイル防衛システム「最終段階高度地域防衛（THAAD）」の配置作業を開始させた。これに対し中国は断固として反対したが、時遅しであった。トランプ政権は、北朝鮮のミサイル問題に対してより強硬な選択肢を検討している。

③ 一九八〇年代の対日観

トランプ氏は大統領選挙中にも日米の貿易不均衡をやり玉に挙げるなど、一九八〇年代の対日観を持っていると指摘されている。今後の日米の外交協議でも、経済分野に関しては日本に予期せぬ要求をしてくる可能性がある。

確かに、一九八〇年代の日米経済協議では、米国の最大のターゲットは、まさしく日本であった。しかし、当時と現在とでは状況がまったく違う。**トランプ発言には一喜一憂せず、対立する必要もない**。

キーワードは、「アメリカ人の雇用」である。さび付いた工業地帯（ラストベルト）などで置き去りにされた人々に対して、選挙キャンペーン中に呼びかけたメッセージに注意を払っている。ホンダがいち早く押し進めたように、今や日本の自動車メーカーは、多くの自動車部品を米国内で調達し、現地で多くの雇用を生み出している（次頁の図も参照されたい）。トヨタも米国で一五〇万人の雇用を生み出している。トランプ氏に誤解があるならば、このような事実や現実論をぶつけるべきだ。

日本の自動車メーカーの米国での生産台数・販売台数・生産比率

メーカー	工場	生産台数（万台）	米国生産合計（万台）	米国販売（万台）	米国生産比率（%）
トヨタ	インディアナ	40.1	138.2	245.0	56.4
	ケンタッキー	50.0			
	テキサス	26.1			
	ミシシッピ	18.2			
日産	テネシー	63.4	100.7	156.4	64.4
	ミシシッピ	30.2			
ホンダ	オハイオ（２工場）	67.0	129.0	163.7	78.8
	インディアナ	24.8			
	アラバマ	36.9			
マツダ	工場なし			29.7	0
富士重工業（スバル）	インディアナ	29.6	29.6	61.5	48.1
三菱自動車	工場なし			9.6	0

※各社の2016年実績（日産の工場別生産は14年）から作成。トヨタの米国生産合計は富士重工への委託分を含む
（2015年商務省統計と読売新聞2017年2月20日号「『トランプ砲』車困惑」を参照）

グローバル社会の一一の課題

一九八九年の冷戦終結後、世界をリードしてきたのは唯一米国であった。しかし、トランプ政権の下で、米国のみならずグーバル社会は何らかの集団的体制に移行してゆくようである。そこには次の一一の課題が存在する。

①イギリスのEU離脱
②ヨーロッパの難民・移民受け入れ
③ウクライナ問題
④シリア問題と過激派テロ集団撲滅対策
⑤パレスチナ問題
⑥南シナ海を巡る政治的緊張
⑦中台関係のきしみ

カナダ
⑩NAFTAを巡っての摩擦
アメリカ
⑪アメリカのTPP離脱
メキシコ
❽温暖化対策「パリ協定」の危機

グローバル社会の11の課題

⑧温暖化対策「パリ協定」の危機
⑨北朝鮮の核・ミサイル開発
⑩NAFTAを巡っての摩擦
⑪アメリカのTPP離脱

柱となるのはEUではなく、米国、中国、ロシアといわれており、EUの国際政治学者らも**日本やヨーロッパは地域的な役割にとどまる**だろうと予想している。

ただ、コロンビア大学教授でノーベル経済学賞受賞者のジョセフ・E・スティグリッツは、著書『ユーロから始まる世界経済の大崩壊』（徳間書店）の中で、今後EUのユーロ圏に必要なことは、「協調」と提言している。「（EUの）〝円満な離婚（分割）〟がヨーロッパの協調を必要とするように、〝柔軟なユーロ〟を円滑に機能させたい場合も、ヨーロッパの協調は役に立ってくれるだろう」〈（）内著者補足〉と指摘する。その理由は、二一世紀に入っても、ユーロ圏は構造そのものに根源的欠陥を抱えており、これら構造上の欠陥を生み出したのは、経済認識の欠如と、政治的交渉などによる意思および連帯感の欠如だったからだと述べている。

世界が注目した日米首脳会談

二〇一七年二月一〇日、世界が注目する中、ホワイトハウスで安倍首相とトランプ大統領との首脳会談が行われた。ここでは通商・通貨問題を巡っての経済分野の交渉が焦点となった。日本の自動車市場を「アン・フェアー」と断じ、日本の為替政策を「円安誘導」と決め付けるトランプ氏の発言が目立った。米国の対日赤字は、二〇一六年で六八九億ドル（約七兆七〇〇〇億円）であり、中国に次いで二番目である（米国の対中国赤字は約三七兆円台）。赤字の七割強は自動車部門であるため、攻勢を掛けたのである。

一方で両首脳は、**日米二国が強力な同盟国であり、今後パートナーとして協力していくことを確認し合った**。それに先立ち、安倍氏は両国の経済関係をより一層深化させるため、麻生太郎副総理兼財務相とペンス副大統領の下で分野横断的に協議することを提案し、トランプ氏もこれに同意した。

会談を受けて、同年二月一〇日付の米国各紙メディアは、両首脳会談について大きく報

日米首脳会談（2017.2.10）の交渉要点と両国の主張

交渉焦点	米国側	日本側
自動車市場	●日本の対米輸出と比べると米国車は日本で売れていない	●日本は関税を撤廃し、外国からの輸入車にも市場を開放。日本企業は米国の雇用と経済に貢献をしている
為替協定	●日本は円安誘導をしている ●為替操作には厳しい規制が必要	●金融緩和はデフレ脱却が目的で、円安誘導ではない。G20も了解済み
貿易協定	●TPPから永久に離脱する ●二国間交渉を進める	●TPPは米国にとってもメリットあり ●TPP発効の努力は継続する。二国間交渉が米側の一方的要求なら受け入れは難しい

じた。ワシントン・ポストは、キーモーメントである両氏の記者会見と、何度も安倍氏と握手するトランプ氏の姿をウェブサイトでも紹介した。

ウォール・ストリート・ジャーナルは、「トランプ氏は、会談を通じてアジア太平洋の地域の同盟をより強固なものとしようとしている」と紹介した。同紙は、「トランプ政権の発足以来、日本国内では日米同盟への懸念が広がっていた。しかし安倍氏は別格で、トランプ氏との関係について楽観視している」と言及。安倍氏について、「ここ最近では最も戦略的に大きな野心を抱いた日本のリーダー」と報じた。主要なポイントとして、「地域の安全保障の最重要事項については、両首脳の見解が一致するのではないか」と解説。

ニューヨーク・タイムズは、「日本にとって最大の懸念は、トランプ氏が米国の製造業復活のため導入を掲げる国境税や、アメリカのTPP離脱方針だ」と指摘。一方で、安倍氏は個人レベルで貿易や経済問題についてトランプ氏との会談を望んだと、日本側の真の目的を解説し、「個人的に親密な関係を築くことも熱望している」と言及した。

また、トランプ氏と安倍氏との交渉は、EUやほかの世界の地域にショック・ウェーブを送った。それぞれの思惑を抱える各国・地域は、トランプ氏がどのような姿勢で会談に臨んだのかに注目した。

英国のフィナンシャル・タイムズ（電子版）は、この日米首脳会談より前に行われたメイ・トランプ首脳会談と比較して「安倍氏は四度も食事をして、ゴルフもする」と報じた。一方、「トランプ氏の発言は予測がつかず、安倍氏は関係を強めることにあまり夢中になるべきではない」とコメントした。

英国のテリーザ・メイ首相は、トランプ氏の大統領就任後、最初に会談した首脳として両国関係の緊密化を演出した。しかし、会談後にトランプ氏が中東諸国などからの入国を一時禁止する大統領令に署名。英国内では大統領令への批判と同時にメイ氏も批判にさらされた。メイ氏は「この政策は間違っている」と述べ、米国との距離の取り方に苦心する姿勢をにじませたが、自分は相手が米国であっても意見できるということを強調した。（「NHKニュース7」〈二〇一七年二月一〇日〉、毎日新聞二〇一七年二月一二日号「日米首脳会談：各国、思惑うごめく　親密ぶりに関心・警告」参照）

中国の国際情報紙、『環球時報』は、「日本は貿易の二国間交渉に応じて譲歩し、安保の約束に換えた。だが、効果は限定的」と批判的に伝えつつ、中国がトランプ外交を取引重視と受け止め、警戒感を強めたことも伺わせた。

韓国の「聯合《れんごう》ニュース」は、「トランプ氏が北朝鮮の核・ミサイル問題の優先順位は高いと明言」などと、日米首脳による共同記者会見の内容を次々に速報。首脳会談後の共同声明で「日米韓の三カ国協力の重要性」を確認したことについて、「韓国にとっても肯定的なメッセージだ」との専門家の分析を伝えた。

ロシアでは安全保障の観点から、今後の日米同盟の動向はアジア太平洋地域の安保環境を左右し、ロシアが開発に力を入れる極東地域にも波及することが注目された。全国紙コメルサントは、会談について「日米は経済分野で意見の相違はあるが、中国抑止では一致している」と報道。ロシアにとって中国との協力関係は重みを増しているほか、対中抑止を理由とした米国の軍備増強は、パワーバランスの観点から容認しがたいとした。

ヨーロッパ諸国では、安全保障や二国間貿易の拡大に関心が寄せられた。ドイツのシュピーゲル誌（電子版）は、日本が為替操作や不公正な自動車輸出をしていると述べた過去のトランプ発言を取り上げ、「意見の不一致はどうやら解消されたようだ」と指摘し、「安倍晋三首相はトランプ氏に顔をしかめない数少ない首脳の一人だ」と伝えた。

フランスの『ル・モンド（電子版）』も、「暗雲が立ち込めた日米の経済協力関係を明確にさせる意味がある」とし、日本側が米国の雇用創出や投資拡大に貢献する経済協力を引き合いに、「ゴルフと贈り物で機嫌を取ることができるかどうか」と皮肉交じりに報じた。

一方、ＥＵのフェデリカ・モゲリーニ外務・安全保障政策上級代表（外相）は、アメリカのティラーソン国務長官らとワシントンで初会談し、イラン核開発を巡るイランと欧米など主要国の合意について、「完全履行の意向を聞くことができ、安心した」と述べた。

首脳会談に見えた「ウィン・ウィン」の一致

筆者なりに、この安倍首相のワシントン訪問と会談内容から読み取ることのできる、重要な点を分析したい。

第一に、これからの二一世紀では、**アメリカの東アジアと太平洋地域への関与がこれまで以上に重要視される**ようになると示唆されたことである。

首脳会談直後、二月一二日朝に北朝鮮が弾道ミサイルを発射した。両首脳は一一日夜（日本時間一二日昼）に共同会見し、北朝鮮を強く非難。会見は北朝鮮のミサイル発射を受けて緊急に設定され、両首脳が滞在するトランプ氏の別荘で開かれた。（CNN News 二〇一七年二月一三日参照）

首脳会談の席でもこの問題は話し合われており、トランプ氏は米国も日本の主張を強く支援すると明言していた。記者会見で安倍氏は、「日米同盟をさらに緊密化し、強化することで完全に一致した」と述べた。終始厳しい表情で安倍氏の発言を聞いていたトランプ氏も、「米国は一〇〇%、同盟国の日本と共にある」と力説した。ただし質問は受け付けなかった。（The Japan Times 2/12/'17 参照）

第二に、日本とアメリカが日米同盟の重要さを世界にアピールし、**同盟関係を軸としてアジア・太平洋地域の安定と経済成長を含む繁栄のために貢献する**というメッセージを世界に発信したことは意義深いことである。

第三として、この首脳会談によって、**米国が内向きから外向きの姿勢を示した**ことになる。それまで米国が内向きの姿勢をとることで、国際秩序への影響が懸念されていた。米国が自国の国土安全保障を最優先するから、国際秩序は不安定になるという考え方である。トランプ氏がロシアと協力しようとしているのは、イスラム国（ＩＳ）を撲滅するためである。ただ、トランプ氏も一般の米国人も、かつてのようにスーパー・パワーにならないでほしいという対露観があり、米露関係はそこまでであろう。

かつて米国はロシアのような共産主義に対抗するための「世界の警察」であったが、米ソ冷戦が終了するとその大儀を失った。ジョージ・Ｗ・ブッシュ元大統領は、民主主義と人権を大義にイラク攻撃をしたが、過激派イスラム組織の台頭で失敗に終わったのである。

トランプ氏は、「アメリカ・ファースト」、「オンリー・アメリカ」を唱え、自国を守るため、「イスラム国は敵だ。イスラム国からの過激派の米国入国は禁止する」と「テロ撲滅の必要性」を訴えているのである。トランプ氏を支持しない人々も、「テロ撲滅」については同じ意見である。

トランプ氏が大統領選挙で勝利した理由は、ハーバード流交渉術に照らし合わせていえば、**人々の「最大の関心事」は、日常生活と生命を脅かすイスラム国や過激化するテロ行為に終止符を打ちたいという願い、すなわち「テロ撲滅」であり、そのことについて多くの国民がトランプ氏の考えに賛同した**からである。同時多発テロ事件以降も続く、イスラム国からヨーロッパへ流れこんだテロリストによる「テロ爆破事件」がなければ、トランプ氏は大統領選挙では勝てなかったことであろう。

スティグリッツは、「移民の問題は、貿易の問題よりも感情の影響を受けてきた。難民の多くは内戦の被害者だが、内戦を引き起こした原因の一部は、欧米の大国による作為もしくは不作為だ。旧宗主国は植民地の人々に、しかるべき民主主義の価値観を教え込まなかった」と指摘する。(『ユーロから始まる世界経済の大崩壊』〈ジョセフ・E・スティグリッツ著、徳間書店〉)

第四に、**トランプ氏は、アジア・太平洋地域での外交面での協力を日本に求めている**ということである。「俺がナンバー・ワン」という気質の持ち主なので、中国の台頭だけは許せない。北朝鮮に関しては、「ならず者国家」で危険なことは十分承知している。北朝鮮が米国に向けて挑発行為を取ると、北に向けて対抗措置を取る可能性がある。

しかし、北朝鮮によるミサイル発射が、トランプ氏が日本の首相夫妻を招いての歓迎夕食会の際中に行われたため、緊急記者会見を行ったのだということを忘れてはならない。トランプ氏と政権幹部らが「日米同盟は重要」と考えているのは、日本に対し**「米国はアジア・太平洋地域まで単独では管轄できないから、日本には、それらの地域において安全保障や外交面で協力してほしい」**という外交要請メッセージを送っているのである。その点を、我々も読み取る必要がある。

第五に、トランプ氏が今後行いたいことは主に二つあるということだ。一つめは米国内の経済であり、二つめは自国防衛の安全保障である。これらは先述の通りだが、ここでは対中関係について述べたい。

米政権が強硬姿勢を鮮明にする中、中国の王毅《おうき》外相は、米中が衝突すれば「双方が敗者になる」と米国側をたしなめたという。南シナ海に関しては中国がほぼ全域の主権を主張しているが、ショーン・スパイサー大統領報道官は「国益を確実に守っていく」と言明。さらにティラーソン国務長官も、中国による人工島への接近は阻止されるかもしれないと指

摘し、軍事的なにらみ合いに発展する可能性を示唆した。（“AFPBB News” 二〇一七年二月八日参照）

中国は、明王朝時代の「冊封《さくほう》体制（大中国思想を中心に、その周辺の朝貢《ちょうこう》国が取り囲むシステム）」を復活する方針であるが、アメリカ太平洋艦隊の存在とパワーを無視することはできない。米国は中国に対して「国際社会のルール」に基づいた所作を理解させることが重要だと考えている。

第六に、両首脳が**「ウィン・ウィン」の総論で一致**したことである。安倍氏の「新幹線やリニアなど、日本の高い技術力で大統領の成長戦略に貢献できる」という提案に対し、トランプ氏は、「強い米国経済にも利益になる」と述べた。また、これまで日本車の対米輸入に対して厳しい発言を繰り返していたトランプ氏は、安倍首相が日本の自動車メーカーが米国への投資や雇用で貢献していることを説明したのに対し、「Made in USA（米国産）の日本車はベストだ」と応じ、日本企業がさらに米国で生産することを求めた。

トランプ氏は、日本企業の対米投資の拡大にも期待し、「受け入れ環境のインフラ整備にも力を尽くす」とも語った。これまでトランプ氏が日本の通商、安全保障、自動車業界への筋違いな批判を強めていただけに、両首脳による新たな交渉は、双方のコミュニケーションを図る重要なモデルとなったといえよう。ゴルフ中のインフォーマルな、しかもプライベートな会話を通した情報交換も、交渉を有利に進めることができた要因の一つだといえる。趣味は多く持った方がよいといえよう。

このように、世界中が注目する首脳会談というような場であっても、「交渉」によって相互利益の拡大を図ることができるのである。それが国家間のみならず、異文化ビジネスや私たちの日常でも同様であるということは、本書で繰り返し述べてきたことである。グローバル世界の中で、**日本がこれまでのように諸国をリードする国でいられるかどうか、日本人一人ひとりが活躍できるかどうかは、「交渉」に対する姿勢次第**だといっても過言ではないだろう。

付録②

ハーバード流異文化ビジネス交渉のチェックリスト

ハーバード流交渉術の理論を基に構成した、異文化ビジネス交渉のためのチェックリストである。ぜひ実践の場で活用されたい。

①インプットのチェックポイント

相手側について調べる、予想する

- ☑ 組織情報、資源はどんなものか
- ☑ 利益、目的、要求は何か
- ☑「交渉」を「利害の調節」や「問題解決」のためのプロセスと見なすか
- ☑ 過去に交渉の実績はあるのか。経験はどうなのか
- ☑ ほかの企業とも交渉をするのか(競合相手がいるのか)
- ☑ どの部署の誰を説得すればいいのか
- ☑ 誰が意思決定者なのか
- ☑ 交渉の代理人はいるのか(弁護士を用意しているのか。何名か)
- ☑ 代理人以外にも、交渉に直接・間接的に関与できる人物がいるのか
- ☑ 交渉者の論拠と文化的背景は何か
- ☑ 交渉者の評判、交渉姿勢、交渉タイプはどんなものか

☑ Ｅメール、電話、ＦＡＸなど取り交わした情報を全て確認したか

自分側のメンバーの役割を明確にしておく

☑ 各メンバーの長所や弱点は何か

☑ メンバーそれぞれの交渉前、交渉中、交渉後の役割は何か

☑ 相手側の言語に精通しているメンバーがいるか、あるいは通訳を用意しているか

※ベテランの通訳であっても、特定な分野や技術的問題には精通していない場合が多い。事前に資料を手渡し、話し合っておくこと。

②プロセスのチェックポイント

議論の展開を想定しておく

☑ 双方の交渉の理由や経験、ドグマ、感情、制度などはどんなものか

☑ 上記は交渉の進行においてどのように影響すると考えられるか

☑ 交渉の際に予想される障害はどんなものか

契約の準備をしておく

☑ 成約条件を確認したか

☑ 契約書・調印の準備をしたか

交渉後のプロセスも考えておく

☑ 交渉後のフォローは必要か、どのようなフォローをするのか

③合意形成に影響を与える事柄のチェック・ポイント

交渉のタイプを想定する

- ☑ ゼロ・サム交渉か、ウィン・ウィン型交渉か
- ☑ 交渉は一回きりなのか、何回かにわたって可能なのか
- ☑ 方向性のない儀礼的な議論となるか

譲歩提案と対抗提案を決める

- ☑ 譲歩提案(オプション)を用意したか
- ☑ 対抗提案(ＢＡＴＮＡ)を用意したか

※これら２つに関しては、いくつかの「案」を考えておき、相手との交渉を通して、ベストと考えられるものを選択すべきである。そうすることで、安易な譲歩・合意を避けることができる。そのためには、譲歩提案と対抗提案を区別しなければならない。

- ☑ 上記の案は相手が「自分で決断をした」と思える選択肢であるか検討したか

※こちらの情報を相手側に流すことも必要だが、結論を自分側から出してはならない。あくまで自分側の情報を基に、「相手が自分で決断をした選択」というかたちをとることが大切である。

交渉場所を決める

- ☑ 自分側の場所か、相手側の場所か、中立の場所か
- ☑ 国内か海外か

※特に異文化ビジネス交渉では、自分側の場所で交渉を行ったほうが有利な場合が多い。できるなら相手から交渉を申し込ませ、自分のホームグラウンドか、もしくは中立の場所で会うようにしたほうがよい。

交渉のタイム・リミットを確認する

- ☑ タイム・リミットが明確化されているのか
- ☑ タイム・リミットが明確な場合は、そこから遡った戦略を立てているか

相手側の視点からの検討とリハーサルを行う

- ☑ 以上の点について、相手側の立場から検討する
- ☑ 交渉のリハーサルを行う

付録③

トランプ大統領との「取引交渉」のケース・スタディ

「アメリカ・ファースト」をモットーとするトランプ大統領の過激な政策は、日本に悪影響を及ぼす懸念がある。歯止めをかけるにはどのようにすればよいのだろうか。次の７つの事例を参考に、自分が日本の交渉担当者になったつもりで試みていただきたい。

以下、トランプ大統領の主張を受けての、Ｑ＆Ａ形式となっている。なお、解答例はあくまでも参考意見である。読者には本書で紹介した「ハーバード流交渉術」を生かして、自由に議論していただきたい。

ケース①

アメリカ・ファーストだ。同盟国などは、あてにならないし、不要だ

Q 日米同盟が失われれば、日本の安全保障が脅かされる。また、アメリカを中心とした各国の連携が失われれば、世界的な紛争につながる恐れもある。同盟国同士の関係性を保持するためにはどのような交渉が有効か。

A 「アメリカが世界のリーダーであり続けることができるのは、同盟国のおかげでもある。今後も同盟国を友として大事にすべきだ。アメリカが孤立すればかつてのように偉大な国ではなくなる。例えば、アジア太平洋地域の安全が保障されなくなり、地域紛争が勃発し、朝鮮半島は無論、地域全体がミサイルの飛び交う武力衝突の場となるであろう。その影響はアメリカのハワイ州のみならず、本土にも及ぶことは確かである。現在の同盟国を含む国々からの脅威がアメリカを襲うのである。その全てを防げるのであろうか」

ケース②

「TPP は不要だ。アメリカにとってメリットがないので離脱し、各国と個別に二国間貿易協定を結ぶ」

Q 各国との二国間貿易となれば、日本にとってより不利な条件を要求してくることが予想される。トランプ大統領を思いとどまらせるためにはどのような交渉が有効か。

A 「TPP は単なる貿易協定以上に重要である。環アジア太平洋地域が協力するための基準を確立するものであり、米国の農業・酪農関係者、そのほかにとっても大いにメリットがある協定だ。統計を見れば一目瞭然である。アメリカにとってスーパー・シートともいえる協定であり、ほかの 11 ヶ国は、アメリカがいつでも戻れるようにその席をキープしておく。なぜなら、TPP は高い水準の貿易・投資の自由化が盛り込まれており、21 世紀の秩序づくりの要になり得る協定であるからだ。また、「新TPP」として、新たな協定を検討することもオプションとして有効だ」

ケース③

NAFTA（北米自由貿易協定）からは撤退する

Q NAFTA は米国・カナダ・メキシコの自由貿易協定である。米国が撤退し、各国間の貿易に関税がかかるようになると、メキシコに工場を持つ日本の自動車企業なども大きな影響を受ける。米国の NAFTA 撤退を阻止するためにはどのような交渉が有効か。

A 「NAFTA は、1980 年後半にカナダとの二国間協定から始まり、メキシコが加わった。EU（欧州連合）も、1950 年初めにドイツとフランスの二国間協定からスタートしたものである。NAFTA も、今後より多国間の協定に発展していく可能性は残っている。現状の三国間協定にデメリットがあるとしても、今後より大きなメリットが期待されるはずだ」

ケース④

アメリカにとってのライバルは中国、それにロシアである

Q 米国・中国・ロシアといった大国同士の関係悪化は、世界の安全保障に影響する。また、世界の安全保障においては、別の地域の関係性にも大きな懸念材料があり、その解決のためには米国の力が必要である。トランプ大統領の視野を広げるためにはどのような交渉が有効か。

A 「世界の安全保障上の最大の懸念材料は、米国と中国、ロシアの関係性ではなく、EU の分裂である。なぜなら、世界経済をけん引している EU が分裂すれば、世界経済にとってデメリットとなり、アメリカの危機にもつながるからだ」

ケース⑤

国内企業への法人税などの減税に踏み切る

Q アメリカの法人税減税に伴って世界的に法人税引き下げ競争が激化する懸念があり、無理な減税は各国の財政悪化を招く。また、日本企業の海外進出によって産業の空洞化が進む恐れもある。それらを防ぐためにはどのような交渉が有効か。

A 「減税をはじめ、トランプ大統領の財政拡張路線は、アメリカ経済にインフレ圧力をもたらす恐れがある。その結果、アメリカの財政破たんにもつながりかねない」

ケース⑥

米国で販売される日本車に税金をかける

Q 日本の主要産業である自動車産業にブレーキがかかれば、日本全体の経済不安につながる。日本車への課税を食い止めるためにはどのような交渉が有効か。

A 「日本車へ関税がかけられるようであれば、日本も輸入品に対する関税引き上げなど、アメリカを攻撃する過激策に傾く恐れがある。ちなみに、日本で販売されている米国車には、現時点で関税をかけていない」

ケース⑦

在日米軍経費の負担増を日本に申し立てたい

Q 日本はすでに多額の負担をしている。それを理解してもらい、増額の要求を取り下げてもらうためにはどのような交渉が有効か。

A 「日本は駐留経費や米軍編関係経費などで、76% に当たる約 7600 億円を負担している。これはドイツの 30%、韓国の 40%の負担に比べると、はるかに高い負担割合である。これについてジェームズ・マティス米国防長官も、『現行水準が適切』との認識を示している。これからも日米双方で前向きな経済・外交関係を築く糸口を見出したい」

あとがきに代えて

これまで、米国では日本の存在感が低下していた。日本経済が衰え、脅威でも手本でもなくなったのが主な原因である。これには日本が米国の関心を保つ努力をしてこなかったという面もある。多くの日本人は、日本がいかに厳しい競争下に置かれているかに気付いていない。ほかの多くの国々は、米国との友好関係を築いて支持を得ようと競争している。

ハーバード・ロー・スクール卒業後、センター・フォー・アメリカン・プログレスの上級研究員を務めたグレン・フクシマ氏によれば、ベトナム政府は多くの自国民に、アメリカの大学でリーダーシッププログラムを受けさせているという。また、中国は十数年前から政府職員をケネディ行政大学院に留学研修させているという。（「国際ユース・フォーラム札幌大会：北海道日米協会主催&HIECC共催〈二〇一五年八月二三日〉参照）

日本から米国への留学生の数は、一九九七年の四万七〇〇〇人から、二〇一六年には一万九〇六〇人台に減った。米国留学生のトップは中国であり、日本は一位から九位に転落した。（Japan Institute of Education 2016 資料参照）

このグローバル時代で激動する世界で重要なことは、多様性・イノベーション・自発性・変化を受け入れる心構えである。日本も年齢、性別、国籍を問わず、適材適所の人材を登用し、多様で斬新的な意見を取り入れる必要がある。その意味からも、日本には米国や異文化に学ぶべき点があり、多様なレベルで交流促進が進むことが大切だ。日本の政府関係者は無論、企業関係者らも、外向き姿勢に切り替え、米国をはじめとした各国、各文化との重層的なヒューマン・リレーション（人間関係）を構築することが求められる。

キーワードは「相互利益の拡大」である。それには、ピンチをチャンスに変えるビジネス戦略と巧みな交渉力が必要である。教育現場においても「交渉力教育」が急務である。「池の中の蛙大海を知らず」ということわざもある。若者たちも海外に飛び出し、異文化交渉を体験してみてはどうか。経験に勝るものはない。交渉の現場は劇場であり、交渉者は舞台の上の俳優であることも忘れてはならない。

最後に、本書をハーバード・ロー・スクール名誉教授の故ロジャー・フィッシャー先生に捧げたい。

御手洗　昭治

参考文献など

『AERA』「『交渉術』が未来を開く：日本人はネゴ上手になれるか」（井原圭子・鳥賀陽弘道、朝日新聞社、1994年5月2～9日,No.18.頁48-58）
安宍一夫「食料難救いテロなくせ」（北海道新聞2001年11月15日,32頁）
新井浄治「プロジェクト・マネジメントの普遍性について」
島田晴雄・本田敬吉編『国際経営と異文化コミュニケーション』（東洋経済新報社、1991年）
Adler, N. J. & Graham, J. L. Cross-cultural Interaction : Journal of International Business Studies Vol. 20, No.3（Fall 1989）.
Adler, N. J.（1991）Internaional Dimensions of Organizational Behavior, South-Western Pub. Co.
バーグマン、チャールズ「対中ビジネスで中国人の心を掴む法」『プレジデント』（プレジデント社、2002年6月17日）
Bazerman, Max H. & Neale Margaret A.（1992）Negotiating Rationally. N. Y. : Free Press.（奥村 哲史訳『交渉の認知心理学』白桃書房、1997年）
Blaker, Michael（1977）Japanese International Negotiating Style. N. Y. : Columbia Univ. Pr.
ブリザール、J. C. &ダスキエ、G.（山本和子訳）『ぬりつぶされた真実』（幻冬舎、2002年）
California Association for Counseling & Development（1996）
Carter, Jimmy（1982）KEEPING FAITH, N. Y. : Bantam Book
Carter, Jimmy（1993）Talking Peace, N. Y. : Dutton Children's Book
Chanteur, Janine（1992）From War to Peace.（Boulder, S. F. & Oxford）.
Crump, Larry（1998）Interactive Strategy and Japanese Style Negotiation : A Comparative Analysis.（A paper presented at Japan Institute of Negotiation's 1998 convention at Izu）.
土居弘元『交渉準備への決定分析の適用』「日本交渉学会誌」（日本交渉学会、Vol. 8 ,No. 1,1998）
ダワー、ジョン『敗北を抱きしめて（上・下）』（岩波書店、2001年）
フィッシャー、ロジャー&ユーリー、ウイリアム『ハーバード流交渉術』（TBSブリタニカ、1982年）
Fisher, Roger, Kopelman,Elizabeth & Schneider,Andrea.（1994）Beyond Machiavelli. Harvard Univ. Pr.
Fisher, Roger & Brown, Scott.（1989）GETTING TOGETHER N. Y. : Penguin Books.
フジテレビ制作「Unbelievable：交渉人スペシャル」2000年10月5日 &毛利元貞「凶悪テロ防衛マニュアル」（青春出版社）
フクシマ,S.グレン『講演：日本から見た世界、世界から見た日本』（国際ユース・フォーラム札幌大会,2015年8月23日、北海道日米協会主催・HIECC共催）
藤木清次『交渉の機能と法的構成』（日本交渉学会誌Vol.11,No. 1,2002）
藤田忠『交渉の原理・原則』（総合法令、1992年）
藤田忠『交渉力研究 Ⅰ』（プレジデント社、1990年）
林吉郎「異文化インターフェイス経営」（日本経済新聞社、1994年）
船橋洋一「週刊朝日：ウエット・カーターの民間外交の妙」（1994年7月8日）

古田暁監修、石井敏・久米昭元・岡部朗一著『異文化コミュニケーション』（有斐閣2000年）
Graham, John L. & Yoshihiro Sano. (1984) Smart Bargaining—Doing Business with the Japanese. Cambridge, Mass. Ballinger Pub.
Gordon, Andrew. Postwar Japan As History (1993) Berkley & LA. : University of California Press.
ゴードン、アンドリュー編『歴史としての戦後日本』（みすず書房、2001年）
長谷川洋三「ゴーンさんの下で働きたいですか」（日経新聞社、2002年）
Hoffman, Bruce. (1998) Inside Terrorism. London : Victor Gollancz Inc.,
Huntington, Samuel. (1996) The Clash of Civilizations and The Remaking of World Order. N. Y. : Simon & Schuster.
飯久保廣嗣『問題解決の思考技術』（日本経済新聞社、1991年）
石井敏『コミュニケーション研究の新しい視点』（第10回異文化研究所夏季セミナー・ワークショップ資料、神田外語大学、異文化コミュニケーション研究所、2000年）
入江昭『二十世紀の戦争と平和』（東京大学出版会、1986年）
井尻秀憲『アメリカ人の中国観』（文藝春秋、2000年）
伊藤元重「デフレ克服政策調整必要：エコノミクスＮＯＷ」（日本経済新聞、2002年12月2日）
金山宣夫『国際交渉』（中央公論新社、1975年）
軽部謙介『機密公電』（岩波書店、2000年）
木村汎『ソ連式交渉術』（講談社1966年）
木村汎「交渉研究序説（その一）」&「異文化との交渉」（国際日本文化センター紀要論文1996年 Vol.14）
木村汎『遠い隣国』（世界思想社、2002年）
木村汎『ボリス・エリツィン』（東京丸善、1997年）
Kimura, Hiroshi (1996) Russian Way of Negotiating in " International Negotiation," Kluwer Law International, Netherlands, pp. 365-389)
カッセーゼ、A『戦争・テロ・拷問と国際法』（敬文堂、1992年）
倉田恵介「コミュニケーション学の確立に向けて」「異文化コミュニケーション研究第14号」（神田外語大学異文化コミュニケーション研究紀要、2002年3月、16-36頁）
小島武司編『法交渉学入門』（社会法人商事法務研究所、1987年）
Lempereur, Alain Peker. (2002) Updating Negotiation Teaching through the Use of Multimedia Tools, A paper presented at International Association for Conflict Management at 2002 Utah conference, June 10, 2002)
Mindell, Arnold. Sitting in the Fire (Lao Tse Press, 1995) .
御手洗昭治『新国際人論—トランス・カルチュラル・ミディエーター時代への挑戦』（総合法令、1994年）
御手洗昭治『絶対の英語勉強法—グレート・コミュニケーターの実践英語』（中経出版、1997年）
御手洗昭治『サムライ異文化交渉史』（ゆまに書房、2007年）
御手洗昭治編著・小笠原はるの著『ケネディの言葉—名言に学ぶリーダーの条件』（東洋経済新報社、2014）
御手洗昭治編著・小笠原はるの著『ライシャワーの名言に学ぶ異文化理解』（ゆまに書房、2016年）

御手洗昭治編著・小笠原はるの・ファビオ・ランベッリ著『多文化交流時代への挑戦』（ゆまに書房、2011年）
Mitarai,Shoji（1976）. A Historical Analysis of the Traditional Japanese Decision Making Analysis in contract with the U. S. System and Implications for Intercultural Deliberations. Unpublished Master Thesis, Portland State university, Portland, Oregon.
Mitarai, Shoji（1981）Transcultural Education and Japanese-American Relations, Ann Arbor, Michigan, UMI.
Mitroff, Ian L. & Gus Anagnos.（1990）Managing Crisis Before They Happen. N. Y. : AMACOM—a division of the American Management Association, International.
Morrison, Conaway & Borden（1994）Kiss, Bow, or Shake Hands. M. A. : Adams Media Corporation.
Newsweek（June 12, 2002, pp. 6-23）.
日本ブーズ・アレン・ハミルトン編『戦略経営』（東洋経済新報社、1998年、15頁）
長尾龍一『政治的殺人—テロリズムの周辺』（弘文堂、1989年）
Okimoto, Daniel I.（1971）American in Disguise（N. Y. : A Weatherhill Book）& On U. S. -Japan Relations（Public Lecture at IIS session on November 20, 1993）.
小川和久『危機と戦う』（新潮社、2001年）
Palmer, David.（2001）The current American crisis—some suggestions on the strategy and Policy（Unpublished paper at Adelaide University, Australia, Dec. 1, '01.
Pie, Lucian W.（1982）Chinese Commercial Negotiation Style. Cambridge, Mass : Oelgeschalager, Gunn & Hain Pub.
Pruitt, D. & Rubin, Jeffery（1986）Social Conflict : Escalation, Stalemate and Settlement, N. Y. Ramdom House.
『プレジデント』（プレジデント社、2002年7月29日号）
Reischauer, Edwin O.（1987）The Japanese Today（Cambridge, Mass : Harvard University Press）.
Reischauer, Edwin O. & Craig, Albert M. Japan（Tokyo : Tuttle, 1986）.
佐久間賢『交渉の戦略』（実務教育出版、1987年）
佐藤竜己『テロリズムとは何か』（文藝春秋、2000年）
Solomon, Richard H.（Edt.）.（1981）National Negotiating Style. Washington, D. C. Center for Foreign Affairs, US Department of State.
砂村賢「外国政府とのビジネス交渉」「日本交渉学会誌」（Vol. 4 ,No. 2 ,1994）
ステグリッツ、ジョセフ『ユーロから始まる世界経済の大崩壊』（徳間書店、2016年）
Susskind, Lawrence E & Cruikshank, Jeffrey L.（1987）Breaking the Impasse（Basic Books）.
Susskind, Lawrence E.,
Dolin, E. J., & Breslin, J. W.（1992）. International Treaty Making,. Cambridge, Mass. PON Books.
Susskind, Lawrence E.（1994）Environmental Diplomacy., Oxford : Oxford Univ. Press.
竹田いさみ「東アジア世界とグローバリゼーション」神田外語大学異文化コミュ

ニケーション夏季セミナー資料、9月4日2001年）
Tjosvolt, Dean（1988）Getting things done in Organizations（Lexington, Mass : Lexington Books）.
徐龍達・遠山・橋内『多文化共生社会の展望』（日本評論社、2000年）
東海大学平和戦略国際研究所編『テロリズム』（東海大学、1998年）
寺島実朗「同時テロが変えた世界経済のパラダイム」『中央公論』、2001年12月）
Toffler, Alvin & Heidi.（Feb., 2002）Religion must rid selves of fanaticism in their midst The Daily Yomiuri.
Ury, William.（1991）Getting Past No : Negotiating with Difficult People N. Y. : Raphael Sagalyn, Inc..
ザートマン、W・I著、碓氷尊監訳、熊谷聡・蟹江憲史訳『多国間交渉の理論と応用』（慶應義塾大学出版会、2000年）
碓氷尊「国際環境条約交渉と多国籍企業」（淑徳大学国際コミュニケーション学部学会機関紙,Vol. 2,No. 1 1998年3月）
碓氷尊「研究発表：交渉・国際交渉の教育法の模索」（日本交渉学会：交渉教育・多国間・異文化交渉・戦略コミュニケーション研究会資料、2001年5月19日）
山田修『タフ・ネゴシエーターの人を見抜く技術』（講談社、2001年）
山谷賢量「島めぐり厳しいサヤ当て」『道新 Today』（北海道新聞、1999年11月号）& 同氏の「北方圏外交とビジネス交渉のニュービジョン」パネリスト発表（日本交渉学会第9回全国大会 in Hokkaido、平成8年6月22日）。
Vlasic,Bill. & Stertz,B.A., Taken for a Ride, N.Y.:Harper Collins,2000
Vogel, Ezra,F. Japan As Number One., Tokyo, Charles Tuttle 1980）.
Voll, John O.（1994）Continuity and Change in the World Syracuse : Syracuse Univ. Press, 1994）&『ムスリムアメリカンとイスラム』Public Affairs Section（January 24,2002）Consulate General of the United States, Sapporo American Center, January " Moslem American & Islam."
和田純「パブリック・ディプロマシーの幕開け」「外交フォーラム」（2002年6月号）
Wasilewski, Jacqueline. Decision-Making in Multicultural Context（Tokyo : A Research paper presented at Japan Institute of Negotiation Research Conference on May 12, 2002.
Weiss, Stephen E.（1996）International Negotiations : Bricks, Mortar, and Prospects in Handbook for International Management Research, Eds. B. J Punett & O. Shenker, Cambridge, MA : Blackwell, pp. 209-265
徳永彰三「旧ユーゴ地域模様の複雑さ：97世界紛争・テロ辞典」（エコノミスト：毎日新聞、1997年11月27日、135頁）
Zartman, William I（1987）. Getting to the Table., Baltimore & London : The Johns Hopkins Press.
Zartman, William I. & Jeffery W. Rubin, Editors（2000）Power and Negotiation., Ann Anabor, University of Michigan press.
Zartman, William I. Edit.（2000）Preventive Negotiation, N. Y. : Carnegie Corporation of New York.
Zartman, William I., Editor（2002）Multilateral & International Negotiation. San Francisco : Jossey-Bass Pub.

御手洗 昭治（みたらい・しょうじ）

1949年兵庫県生まれ。

札幌大学英語学科・米国ポートランド州立大学卒。1981年オレゴン州立大学院博士課程修了（Ph.D. 取得）。92〜93年ハーバード大学にて文部省研究プロジェクト客員研究員。ハーバード法科大学院にて交渉学上級講座、ミディエーション講座修了。故エドウィン・O・ライシャワー博士（元駐日米国大使・ハーバード大学名誉教授）が、ハル夫人と来道の際、公式通訳として随行（1989年9月）。

現在、札幌大学教授、北海道日米協会専務理事。日本交渉学会元会長。

著書に『サムライ異文化交渉史』（御手洗昭治著、ゆまに書房、2007年）、『ケネディの言葉』（御手洗昭治編著／小笠原はるの著、東洋経済新報社、2014年）、『ライシャワーの名言に学ぶ異文化理解』（御手洗昭治編著／小笠原はるの著、ゆまに書房、2016年）、“Transcultural Education & Japanese-American Relations”（Ann Arbor, UMI, 1981）などがある。

ハーバード流交渉術　世界基準の考え方・伝え方

2017年5月3日　初版発行

著　者　御手洗 昭治
発行者　野村直克
発行所　総合法令出版株式会社
〒103-0001 東京都中央区日本橋小伝馬町15-18
ユニゾ小伝馬町ビル9階
電話　03-5623-5121
印刷・製本　中央精版印刷株式会社

落丁・乱丁本はお取替えいたします。

ISBN 978-4-86280-549-2
総合法令出版ホームページ　http://www.horei.com/